WHAT IS LOVE?

NewPhilosopher

新哲人

05

我爱故我在

澳大利亚新哲人编辑部 ｜ 编著

张小雨　宋晓钰 ｜ 译

中信出版集团｜北京

图书在版编目（CIP）数据

新哲人 . 5，我爱故我在 / 澳大利亚新哲人编辑部编
著；张小雨，宋晓钰译 . -- 北京：中信出版社，2024.
12（2025.8重印）. --ISBN 978-7-5217-7033-9

Ⅰ . B1

中国国家版本馆 CIP 数据核字第 2024ZC4185 号

新哲人 05：我爱故我在

编 著 者：澳大利亚新哲人编辑部
译 者：张小雨 宋晓钰
出版发行：中信出版集团股份有限公司
　　　　　（北京市朝阳区东三环北路 27 号嘉铭中心　邮编　100020）
承 印 者：北京启航东方印刷有限公司

开　　本：787mm×1092mm　1/16　　印　张：9　　　字　数：178 千字
版　　次：2024 年 12 月第 1 版　　印　次：2025 年 8 月第 6 次印刷
书　　号：ISBN 978-7-5217-7033-9
定　　价：69.00 元

选题策划　心码文化
出 版 人　山 海　曹萌瑶
中文主编　姜宇辉
策划编辑　蒲晓天
责任编辑　曹萌瑶
营销编辑　任俊颖　张牧苑
装帧设计　李 一

爱，不只是Love

姜宇辉

华东师范大学哲学系教授
《新哲人》中文版主编

在我很小的时候，有一首广告歌曾红遍大江南北，那正是翁倩玉老师的《爱的奉献》。直到今天，当动笔撰写这篇序言之时，我又机缘巧合地再度播放起这首往日金曲，心情依旧澎湃，灵魂依然激荡。然而，不得不说，从哲学的角度看，这首歌可能也恰恰暴露出很多关于爱的成见乃至偏见。首先，爱当然不只是Love，爱同样是亲密关系（intimacy），从这个角度看，它的范围要广阔得多，形式也更为多样。其次，爱也不只是"人类最美丽的语言"，它也同样是相当残酷与复杂的社会现实。在那个美丽光明的面具之下，往往隐藏着人心的叵测，人情的冷暖，人世的炎凉。爱是理想，但它同样也是计谋、交易、冲突。由此，最后，爱当然也不只是"正大无私的奉献"，而同样也涉及种种阴暗、曲折、否定的面向。爱是积极的进取，主动的创造，生命的肯定，但也未尝不常常经历着挫折、痛苦与绝望。明与暗之交织，痛与乐之相生，甚至肯定与否定之互渗，或许才是爱的全貌和真相。

正因如此，在大家展卷研读之前，还是很有必要对爱这个复杂含混但又丰富迷人的概念从哲学的角度进行一点背景的交代与脉络的梳理。

那就从爱与亲密开始。这个问题相对简单，但日常的理解也往往含混不清。首先，从根本上说，爱确实是一种亲密关系，甚至可以说是亲密关系中一种相当极致而强烈的形式；但反过来说，亲密关系还有着更为多样多变的形态，这是单纯的爱无法完全涵盖的。不妨举几个简单易懂的例子。比如，我上小学时经常和同桌女生一起上下学，甚至一起吃饭，一起做作业，我们之间很亲密，但我真的"爱"那个女生吗？未必。所以有的亲密关系，它具有一定的强度，但还远远没有达到爱的那种高度与峰值。其实，在日常生活中，很多亲密关系都是这样的，很平淡，没多少激情和浪漫，但可以很持续，很温暖。

再比如，在战场上出生入死的战士，他们之间也有着极为强烈的亲密之维系，甚至可以为了彼此去奉献生命，但这当然也不是或不只是爱，而更是信任。其中涉及的是意志，是信念，而并非仅仅是情感。所以，你看到，强度的高低也并不是对爱与亲密进行辨别的唯一标准。那再进一步拓展说。亲密关系也远不限于人与人之间的情感和意志的维系，而可以囊括更大的范围，甚至可以包括人与动物、人与物、人与机器之间的紧密纽带。你们家的小猫咪整天黏着你，但你不会说"爱她"，即便这样说了，也仅仅是隐喻的含义，你不可能是认真的。同样，你跟你的手机也每天都形影不离，你们简直太亲密了，亲密到让你都忘了那个小小的屏幕之外还有更大的世界，但这个人机之间的亲密关系也显然跟爱没有任何关系。"我爱死我的新手机了！"但纠正一下，这其实不是爱，而只是喜欢（like）而已。

谈完爱与亲密这个相对明晰的问题，不妨再聚焦于Love本身，尝试描述一下它自身多样而复杂的形式。Love是一个词，但至少具有三个不同的指涉与含义。我之前在《姜人生哲学到底》这个节目中也提到了法国哲学家让－吕克·费里的那个关于爱的著名的三元区分（见《论爱》），即情爱、友爱与圣爱。这个区分还是很基本而关键的，大家可将其作为爱之哲思的起点。这个多样的形式也同时提醒我们，爱绝不简单，它至少包含着欲望、伦理与神圣这三个向度，而且，就人世间的任何一种爱的具体形式和情感而言，这三个向度其实都是紧密交织乃至纠缠在一起的。

当你去爱的时候，你可能爱的是一具美好的肉体，但他/她也完全可能同时是你的挚友和伴侣，甚至是你的希望和拯救。那就先简单辨析一下。首先是情爱，它当然主要诉诸肉欲，但也往往渗透着强烈浓厚的情感，爱与欲之纠葛是一个持久的主题。但其实说到底，情爱是一种异常单向度的占有关系，"我爱你，你是我的，你只能跟我在一起，不许爱别人！"这可能是深陷情爱中的人常有的心绪。当然，这完全可以理解，因为跟别种爱或亲密关系相比，情爱或许是人与人之间最为强烈的一种维系纽带，真可谓如胶似漆，所以，身在其中的人总有一点私心，总想要占有，这也是人之常情吧。爱，就是想在一起，想永远在一起，海枯石烂，三生三世。在这样的关系中，是容不下他者和杂质的。

但友爱就不同了，它可能平淡，也可能强烈，它可能只是三五好友，小酌几杯，但也完全可能是歃血之盟，出生入死的交情，一生的羁绊。不过，友爱与情爱之间最大的不同，正在于它的开放与包容。朋友，总意味着分享，而并非只是占有。友情，总是想化干戈为玉帛，让更多的人走到一起，建立起和谐美满的关系。这也是为何，友爱要比情爱持久得多，稳定得多，也开放得多。俗话常说，"婚姻是爱情的坟墓"，虽然有点偏激，但未尝不是事实。因为当两个人经过惊心动魄的爱情，终于走进婚姻的殿堂，那种亲密关系也就随之开始发生根本的变化，从此夫妻更像是终生陪伴的朋友，一起抚养后代，一起打拼事业，甚至每天分享心得。这也是爱，只不过不再有那么强烈的情欲和占有欲而已。当然，像唐璜这样的情爱"原教旨主义者"可能会痛斥婚姻之不纯粹性，但冷静反思之后，却不难发现这不是执着，而是幼稚。

再高甚至最高形式的爱当然是圣爱。我们虽然借用这个词，却未必一定要坚持其中的宗教和神学含义。哪怕在日常生活中，我们只是过着柴米油盐的生活，并没有多少朝向上帝和天国的信仰与虔诚，但仍然可以多少体会到圣爱之中的那种超越性。何为超越？并非只是跳出生活，前往彼岸和别处，正相反，哪怕只是在生活之中，看似被世俗之流卷着推着，也仍然可以有超越的追求。

借用尼采的话来说，当你将自己的生命力一次次带向高潮和极致之时，也可以算是一种超越，因为你超越了自己既有的状态，不僵化，不保守，你开始挑战自己，改变自己，迎向全新的起点和境界。这就接近圣爱了。奥古斯丁在《忏悔录》中将圣爱的典型形式概括为从内心的深处寻找上帝的光明。而在朝九晚五的平淡生活中，我们也完全可以怀抱着超越的希望乃至改变的渴望去行动，去选择。"我不要再这样下去了，我总能改变我自己！"这就是超越。这个时候，你爱的已经不是某个具体的人，无论是爱人还是友人，而是生活本身，是对生命的颂赞，是对你自己的敬意。这，就是神圣。你，就是有了一颗朝向希望的圣爱之心。

这说得又有些理想和抽象了，那不妨再回归现实。对爱的思考，单纯的归类和思辨也还是不够的，还理应将其置入人类社会和历史发展的长河之中，去仔细考察和辨析它的不同阶段，诸多转型，深远影响。英国著名社会家吉登斯的名作《亲密关系的变革》或许是迄今为止两性关系中最为重要的参考书之一。如果说福柯曾写过《性史》这样的巨著，那么吉登斯这部篇幅相对短小的作品不妨就视作"爱史"。在这里，他极为清晰透彻地区分了西方社会中爱的形式的三次主要转型与变革。中国社会是否适用，这就见仁见智了，但至少，吉登斯为我们提供了一个初步的理论框架。哪三次转型与变革呢？分别是贞洁之爱，浪漫之爱与合流（confluent）之爱。前面两种相对古老而传统，但第三种就直指当下的现实了。先说贞洁之爱，这显然对应着等级鲜明、区隔严苛的封建社会。贞洁是规范，但也往往是无形的枷锁，"你必须"，可以是一种牢固的维系，但也会给人们带来压抑与窒息。

正因如此，冲破枷锁，僭越红线，用激情去挑战贞洁之契约，也就往往成为古代爱情故事的一个恒久主题。我们在无数的文学和戏剧的经典作品中都已经反复玩味了这个主题，而近些年的一部经典无疑是《泰坦尼克号》。这或许也说明，即便封建社会早已成为历史，但人类始终怀有那种用爱去冲破各种边界、束缚和壁垒的强烈渴望。当法国哲人阿兰·巴迪欧说爱是绝对断裂的事件之时，或许表达的也无非是这个人类共有的信念。爱的事件发生之时，所有生活都会土崩瓦解，甚至整个世界都会天翻地覆。

而这样一种事件性的激情，已经带上了极为浓重的浪漫之爱的色彩与气息。只不过，浪漫之爱不仅是对贞洁之爱的冲击与僭越，更有一种积极而主动的指向，那正是爱人之间的灵魂交会，生命交融。我们常说的"浪漫"，总是被简单等同于激情（"过把瘾就死"），或者理想（"你太浪漫了，面对现实吧！"），但这些都是偏见和误解。浪漫，远远不止于欲望，而更涉及思考、意志、精神这些更加高级的力量。同样，浪漫也不只是空洞的幻念，而恰恰是人心和人性最为基本的真实。每个人都是不同的，每个自我都有着他/她自己的真实渴望，都想成为他/她自己。

但如何才能成为你自己？当然不只是走向瓦尔登湖边或听客溪畔，离群索居，做孤家寡人，而更应该是在另一个人身上找到你自己，实现你自己，甚至改变、提升、拯救你自己。浪漫之爱，是灵魂升华的最高形式，是追求自我的极致境界。"我跟你是不同的，我不是你，但我爱你，那就让我们一起携手迈向另一个美好的世界"，这才是浪漫之爱的真谛。

也正是因为浪漫之爱是两个极为不同的灵魂之间的邂逅、碰撞与交融，所以在其中必然包含着不可消除的差异，永远存在的冲突，无法缓解的紧张。"我爱你，为何你就是不懂？""为了你，我愿意付出所有，飞蛾扑火，万死不辞！"这些都是浪漫的宣言。或许也正是因此，浪漫之爱前所未有地将快乐与痛苦紧密联结乃至纠缠在一起，爱与痛并生，爱的极致就是接近死亡般的痛苦，这几乎是所有伟大的浪漫爱情的终极基调。从古至今，从西方到东方，从少年维特到梁山伯与祝英台，等等等等，"爱比死更冷"堪称浪漫之爱的永恒命题。这也是法国社会学家伊娃·易洛思的那部脍炙人口的名作之感人标题《爱，为什么痛？》（*Why love hurts*？）。

但进入合流之爱这第三个，也是最为晚近的阶段，易洛思的这个标题就不只是一个疑问了，而更接近一种反问甚至质问："在今天，爱情中的人们为何不痛了？甚至不敢痛了，不想痛了？"当浪漫之爱逐渐变成了流量和游戏，当苦乐相生、爱痛相伴的情感变成了商品与资本，我们到底应该去何从？爱，还有希望吗？爱，还能拯救吗？甚至不妨釜底抽薪地追问一句，爱还有可能和必要吗？我在这里无力回答，或许也不想简单直接作答。还是将探寻和思考的激动人心的历程留给每一位真诚而细心的读者，相信您能在本书中一篇篇风格各异、精彩纷呈的文字之中找到自己的感悟与感动。最后衷心感谢我们出色的译者和编辑团队，能将这样一份思想的盛宴呈现在大家面前。

爱，不只是Love，但让我们从Love开始，去寻找和创造更加美好的生活。

是为序。

姜宇辉

2024年9月5日上海金桥家中

05 卷首语

没有什么是神秘的，也不是什么人际关系。
只是爱罢了。

———

苏珊·桑塔格

爱

爱无处不在。我们爱伴侣、家人、宠物、财产和我们自己，爱美食、音乐、游戏、活动、知识和美。我们甚至爱着"爱"本身。

但是，即便确实是爱，也极难勾勒出这样一种无所不在的感觉。这并未阻止我们的尝试，或许正因为如此，我们才从未停止过试着搞清楚它。20世纪60年代以来录制的所有歌曲里，有70%都是关于爱的（"爱与性/爱或性"紧随其后，自60年代以来出现的比例也从18%跃升到了40%）。2021年，仅美国就售出了5000万本爱情小说，几乎占了图书总销量的20%。

很难说只是到现代，人们才对爱如此地迷恋。从集爱、性与美于一身的阿佛洛狄忒女神到劝导与诱惑的化身珀托，古希腊人拥有不下14位爱神。这差不多是每百万人中就有一位爱神了，（按人口比例计算）相当于整个现代世界有8000位爱神。

尽管我们依旧沉迷于爱，却似乎没有人比20世纪80年代唱过"我想知道爱是什么"的"外国人"乐队，更接近这爱之谜的破解。但这也许只是因为，爱超越了一切，也包括言语在内。

赞·博格 | 《新哲人》主编

目录 ━━━━━━━━ 我爱故我在（LOVE）

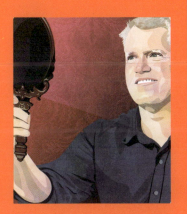

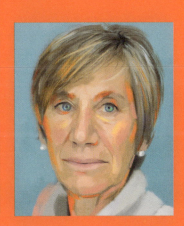

撰稿人

DBC. 皮埃尔 ━━━━

处女作《维农少年》获得2003年的布克奖和惠特布莱德图书奖（现为科斯塔图书奖），这也是这两个奖项首次授予同一本书。皮埃尔还著有《柳德米拉的蹩脚英文》、短篇小说集《仙境灯火暗》和中篇小说《与波吉亚家族共进早餐》。他曾经获得都柏林大学文史学会颁发的"詹姆斯·乔伊斯奖"。

苏珊·沃尔夫 ━━━━

北卡罗来纳大学教堂山分校哲学教授。沃欠夫的研究涉猎广泛，涵盖道德哲学和心灵哲学中的诸多问题。她是美国艺术与科学院和美国哲学学会的成员，曾任美国哲学协会东部分会的主席。著作包括《价值的多样性》、《理解爱》和《理性中的自由》等。

W. 基思·坎贝尔 ━━━━

佐治亚大学的心理学教授。坎贝尔著有200多篇论文，以及《自恋的新科学》、《自恋流行病》（与简·特温格合著）等多部作品。他还活跃在包括"今日秀"、美国广播公司和美国有线电视新闻网在内的主流媒体中。坎贝尔是研究自恋、人格和文化变迁方面的专家。他的研究兴趣远远不止于此，还囊括广义的文化过程以及基本的人格评估等。

克拉丽莎·塞巴格-蒙蒂菲奥雷 ━━━━

2009—2014年曾在中国生活，其间曾担任《超时》杂志北京版副主编、《超时》上海版艺术编辑以及《国际纽约时报》的专栏作家，并为博客"纬度：来自世界各地的观点"提供报道。她也为《卫报》、《经济学人》杂志、《金融时报》、《纽约时报》、《女性》杂志、《华尔街日报》、《新政治家》、《新国际主义者》、"赫芬顿邮报"网站及《时代》杂志等媒体撰稿。

玛丽安娜·亚历山德里 ━━━━

得克萨斯大学大河谷分校的哲学副教授。她曾为《纽约时报》《今日哲学》《女性》《泰晤士高等教育》《高等教育纪事报》等众多报刊撰稿，并即将出版新书《夜视：在我们的黑暗情绪中看出智慧》。亚历山德里的教学方向包括存在主义哲学和墨西哥裔美国人哲学等。

约翰·阿姆斯特朗 ━━━━

学者、作家、哲学家以及艺术与文化演说家。他曾任墨尔本大学哲学副教授和墨尔本商学院的常驻哲学教授。阿姆斯特朗有几部享誉世界的著作，包括《艺术的亲密哲学》、《美的秘密力量》、《爱的条件》以及《爱、生活和歌德》等。

帕特里克·斯托克斯 ━━━━

墨尔本迪肯大学哲学讲师，专门研究19世纪和20世纪的欧洲哲学、个人身份认同、叙事自我、道德心理学以及死亡与纪念哲学等。他尤为关注的重点是，构建克尔凯郭尔与当代个人身份认同和道德心理分析哲学之间对话的桥梁。斯托克斯曾荣获2014年澳大拉西亚哲学协会"媒体奖"。

玛丽娜·本杰明 ━━━━

作家和编辑。作为回忆录作家，她最著名的作品是以诗意和哲学的方式描述中年生活的《中场休息》。本杰明也是《失眠症》的作者，其最新回忆录《一点给予》已于2023年出版。她还是《万古》杂志(Aeon Magazine，2012年创立于伦敦的哲学与文化电子杂志)的高级编辑、皇家文学基金会的顾问研究员，并在爱文基金会担任创意写作导师。

凯莉·詹金斯

加拿大哲学研究会主席和不列颠哥伦比亚大学（UBC）哲学教授。詹金斯是《形而上学》编辑委员会成员，曾任《思想：哲学期刊》编辑。她写有《爱是什么，爱可能是什么》和《不请自来：与柏拉图对话》等图书，同时是《爱的标签》播客的主持人，并于2016年赢得了美国心理学会的大众哲学专栏比赛。2020年她被任命为UBC的"彼得·沃尔研究所学者"。

赞·博格

《新哲人》主编，国际杂志《女性》的编辑总监，"诗人"书店/茶坊的主管。2017年他荣获澳大拉西亚哲学协会"媒体专业者奖"，并入围"国际书架奖"（体育杂志Stack所设奖项）的"年度编辑"奖项评选。博格定期发表关于哲学、科技、媒体和伦理的演讲，也是每月一次的哲学讨论系列"光明思维"的联合创始人和主持人。他是英国皇家艺术学会会员。

安东尼娅·凯斯

《新哲人》文学编辑，《女性》杂志编辑，屡获殊荣的作家和记者。2016年凯斯被选为布里斯班作家节的"常驻哲学家"，并荣获2013年度澳大拉西亚哲学协会"媒体专业者奖"，2016年入围"国际书架奖"的"年度编辑"奖项评选。凯斯关于个人身份认同和变化的新书将由布鲁姆斯伯里出版社出版。

安德烈·陶

作家和编辑，联合创立了"铁丝网后"——一个记录移民澳大利亚的人们拘留经历的口述历史项目，同时也是沃克利奖获奖播客《信使》的制作人。他的作品曾发表在澳大利亚《月刊》杂志、"特别广播服务·真实故事"广播系列、Meanjin文学杂志和半岛电视台英语频道上。陶曾是人权刊物《此时此刻》的主编，并且入围了2011年度澳大利亚人权委员会"青年勋章"的最终一轮评选。

汤姆·查特菲尔德

英国作家、广播员和科技哲学家。他著有包括《网络词源学》、《活着这本书！》与《如何在数字时代蓬勃发展》等在内的6本著作，他巡游全球，就技术、艺术和媒体等主题发表演讲。查特菲尔德曾是英国广播公司全球技术站点"BBC未来"创立初期的专栏作家，现在是牛津互联网研究院的客座研究员、伦敦大学学院全球治理研究院的高级专家。

马修·彼尔德

"文森特·费尔法克斯"奖学金的项目主任。彼尔德拥有哲学博士学位，自2015年起在悉尼的伦理学中心从事研究员工作，也是澳大利亚圣母大学"莫里斯研究奖学金"的首届获得者。2016年他荣获澳大拉西亚哲学协会的"媒体奖"，并在美国广播公司儿童伦理学播客《短和卷》中担任主持人。

拉塞尔·赫尼曼

屡获殊荣的漫画家。赫尼曼的作品曾刊登在《伦敦时报》《私家侦探》《展望》《旁观者》等许多报刊上。2018年，他获得了政治漫画奖之年度口袋漫画奖、欧洲报纸设计奖之插画奖以及新闻设计协会优秀插画奖。他还曾参加半面美术协会在伦敦梅尼尔画廊举办的2018年年展。

阿尔瓦罗·伊达尔戈

平面设计师和插画家，曾在设计项目中担任艺术总监，并在视听项目中担任电影编辑和后期制作。他的插画结合了传统技术和现代数字图像处理技术。阿尔瓦罗的获奖插画作品曾登上《滚石》杂志和《女性》杂志的封面，并出现在《纽约客》、《连线》、《华盛顿邮报》、《新闻周刊》和《大西洋月刊》等报刊上。

吉尼斯·卡雷拉斯

《新哲人》杂志封面设计师，也是"哲学图像：简单形状的大思想"的创立者。卡雷拉斯的作品获得了世界各大奖项的认可，包括英国插画师协会的世界插画奖、劳斯奖和斯托克斯·泰勒·本森奖。他的作品被收录在《MIN：图形设计的新简化》、《玩转字体》、《几何学的快乐》与《几何图形学》等书籍中。

艾达·诺瓦和卡洛斯·伊根

《新哲人》和《女性》杂志的艺术总监，"诗人"书店/茶坊的艺术总监。他们为出版行业所做的工作得到广泛的认可，服务对象包括美国历史最悠久、规模最庞大的设计组织美国平面设计协会，还有《计算机艺术》、《桌面杂志》和《创意期刊》等刊物。

爱是一种决定，是判断，是承诺。如果爱只是一种感觉，那么永远相爱的承诺就再无根基。感觉来而复去。如果我的行为不涉及判断和决定，又怎能相信爱会到永远？

———○———

埃里希·弗洛姆

乌有乡消息

《有好撒玛利亚人的风景》，亚当·埃尔斯海默的追随者创作，1600-1660年

爱的类型

英语中有鄙视、厌恶、憎恨和深恶痛绝等很多表示"恨"的词，但都一千多年了，说英语的人却只将就着用一个词"love"来表达爱（从古英语的"lufian"一词开始）。我们用这同一个词来描述对家人、伴侣、宠物、国家、运动队和爱吃的冰激凌的感觉。

只用一个词来描述如此宽泛的现象，不免会混淆其中某些重要差异。因此，一些英语作家会使用其他语言强调爱的不同形式之间的区别。小说家、神学家C. S. 路易斯的《纳尼亚传奇》系列故事，可能是他最为人熟知的作品了。路易斯曾经借助古希腊语，在他那篇幅不长却引人深思的《四种爱》一书中，捕捉到了不同类型的爱之间的明显差异。

浪漫之爱是"爱欲"（eros），它不可避免地具有一个核心的性维度，且针对的是某个非常具体的人。这种爱由被爱之人的特质所驱动。"亲爱"（storge）则不那么关注这些特质，这种爱源于熟悉和亲近，比如产生于家庭成员间或邻里间的爱。"友爱"（philia）多指友谊，路易斯说，这是"最不自然的一种爱"。它虽然也针对特定的人，却没有情欲要素，而且不像"亲爱"那样容易自然而然地生发。

最后，身为神学家的路易斯最感兴趣的是"仁爱"（agape）。这个词在英文中常被不甚完美地译为"慈爱"。在仁爱中，我们并不是因为对方的身份或与我们的关系而爱他们，而仅是因为他们"是其所是"。虽然路易斯把这种爱解释为神圣、灵性之爱，但这也是世俗行为中自发、无私的关怀之典范，就像"好撒玛利亚人"的故事那样。对路易斯来说，这是最重要的一种爱，也是最难践行的一种爱。

柏拉图式的爱?

有几位哲学家非常出名,以至于他们的名字都成为日常形容词,虽然其用法并不总合哲学家信奉的本意。例如,倡导快乐主义的伊壁鸠鲁就不是一个"(伊壁鸠鲁式的)享乐主义者"。他教人从痛苦和恐惧中解脱,而非贪享口腹之欲。那么"柏拉图式的爱"又是怎样的呢?现在它用来指一个人对另一个人的无关于性的爱。

柏拉图关于爱的主要作品《会饮篇》,描述了他的老师苏格拉底与其他名人一起参加的一次酒会。每位嘉宾都得就爱的本质发表简短演讲。苏格拉底最后发言,而且按他的习惯,他会推翻前一位发言者的观点。随后,苏格拉底讲述了女智者——曼提尼亚的迪奥蒂玛曾教给他的,什么才是"爱的本质"。

根据柏拉图的记载,起先你只会爱上一个你认为有美好形体的人。但是随着智慧渐长,你会意识到,你在这美丽的形体里所爱的东西,在别的形体里也能找到。之后你会转而因为美好的灵魂而爱上某人,但也将同样意识到,美的灵魂不是孤品。最终,比起爱上具体的人,你会爱上"美本身"。

苏格拉底讲完以后,鲁莽的阿尔喀比亚德突然闯进了酒会。他喝得酩酊大醉,讲述苏格拉底如何不断拒绝自己的求欢。看到这里,鉴于柏拉图笔下的苏格拉底是为着更高层次的东西而摒弃了性,你很可能就会觉得"柏拉图式的爱"这个词已足够准确。但柏拉图所言之"爱",是把被爱者视为通往抽象、永恒形式之爱的路上的垫脚石。也许,这不是说"柏拉图式的爱"与柏拉图的本意相去甚远,而是说"柏拉图式的爱"与我们所说的"爱"相去甚远。

　《苏格拉底教化阿尔喀比亚德》,弗朗索瓦-安德烈·文森特,1776年

"柏拉图是很可爱啦，可我偏偏不喜欢他。"

HERNEMAN 赫尼曼

当一个人要过更好生活的时候，只有爱才是指路明灯，其他无论是家庭、权力或财富，还是其他什么都不行。

——柏拉图

最高的善

一个只受情感支配的人，会设法让别人也爱其所爱，而且会设法让其他所有人，都按自己的心意生活。这种人行事全然出于冲动，因此令人憎恶，尤其是对那些有别种嗜好的人而言。后者因此也出于类似的冲动，设法使他人按自己喜欢的方式生活。再次重申，情感支配下的人所寻求的"最高的善"，往往也只能为他个人所占有。这样的结果就是，共同爱这种善的人，心意却并不一致。他们乐于颂扬这善，却又怕别人真会相信自己。然而，努力以理性引导他人的人，并不凭冲动行事，而是谦恭有礼、和蔼可亲。这样的人，意图总是前后一致的。

——巴鲁赫·斯宾诺莎

新哲人

《被放逐的斯宾诺莎》，塞缪尔·赫森伯格，1907年

无爱可言

第一次世界大战结束后，魏玛共和国从德意志帝国的灰烬中崛起。建立新的联邦宪政共和国的本意，是给两次世界大战期间的德国提供一个中立空间，从而在高度紧张的政治局势中避免暴力。它被公认为海纳百川的"广教派"，共产主义者、天主教中间派和纳粹党都应该以某种形式融入其中。他们不需要彼此相爱，理论上说只要不互相残杀就行。

法学家卡尔·施米特对当时的魏玛政权及其议会民主制进行了严厉批评。1927年，他发表了他个人最著名的作品《政治的概念》。他主张，任何名副其实的政治都应建立在敌友区分的基础上。只要社群之间有意相互残杀，政治敌意就会存在，而政治团体的力量也正在于其成员与敌斗争的意愿。施米特认为，这是魏玛体制乃至更广泛意义上的自由主义秩序的致命弱点。魏玛共和国远没有看清谁是德意志人民的敌人，反而试图通过自由主义建制来调和分歧，将敌意"非政治化"。他主张，非政治化削弱了政治共同体，从而使其在面对内部互相倾轧和更加团结的外敌之时尽显脆弱。

当然，历史证明了施米特对于魏玛共和国存在致命伤的观点是正确的，但是他提出的"疗法"明显远比"疾病"本身更糟糕。在1933年希特勒夺取政权、从而了结了魏玛共和国之后，施米特加入纳粹党，成为德意志第三帝国主要的法理学家，并在二战后抵制所有"去纳粹化"的主张。然而，他的政治哲学却富有持久的魅力，尤其在自由民主政体努力遏制敌意之时更是。2001年以来，英文书籍中提及施米特之处就明显增加了不少。

《夜街》，阿尔伯特·比尔克莱，1921年

爱，还是不爱？

列夫·托尔斯泰认为，爱国主义只不过是强权者硬加于弱势者之上的幻觉。没有它，统治者就无法说服被统治者，让后者接受各种以牺牲自己为代价并使前者受益的事，比如不平等的经济结构、排斥和虐待外来者，以及最严重的事——战争。对托尔斯泰来说，正是"爱国主义"这种个人对国家的爱，为"训练大规模杀人犯"提供了正当理由。他对爱国主义不屑一顾，认为应该通过说教、冷嘲热讽等各种方法来根除爱国主义。

自由主义哲学家虽然不像这位俄国小说家调门那么高，却也普遍不看好爱国主义。毕竟，自由主义的核心原则是，值得坚持的价值观是普世的。换句话说，思想和价值观从何而来并不重要。它们要么是普世的真与善，要么则非真非善。

对于苏格兰裔美国道德哲学家阿拉斯代尔·麦金泰尔来说，这也正是自由主义的问题所在。它从特定的社群和传统中提取思想和道德戒律，并试图将其普遍化。但是对麦金泰尔来讲，哪里有什么"普遍"的道德；事实上，这种"道德"本身也是不存在的，存在的只有特定社群的道德。如果道德规范之所以正当，只是因为其表达或导致了某些"善"，那么这些规范就与特定社群的历史和生活经历相关。因为，什么是"善"是由某个特定社群的历史和生活方式来定义的。每一个个体，只有作为社群一分子的时候，才算是道德的主体。否则，"脱离了自己的社群，我将容易失去对所有真正判断标准的把握"。

如此看来，爱国主义就不像托尔斯泰描述的那样是一种恶习。相反，对麦金泰尔来说，它是一种重要的美德。正是通过对国家的爱，我才明白"我对他人负有什么责任，或者他人对我负有什么责任"。

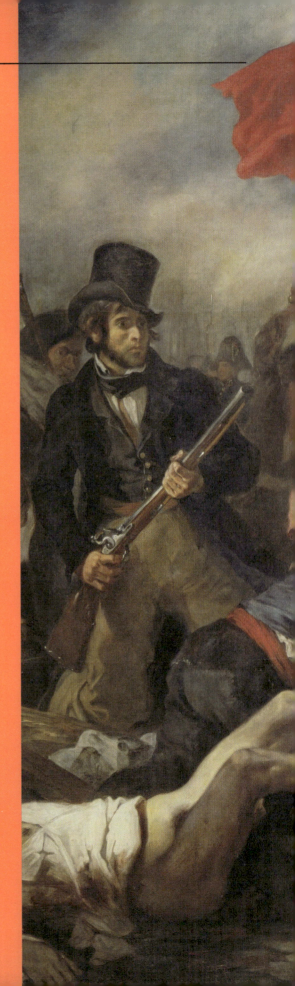

《自由引导人民》，欧仁·德拉克洛瓦，1830年

爱的理由

○━━━●

帕特里克·斯托克斯

现在来看一个有趣的思想小实验，灵感源自欧内斯特·盖尔纳的著作。如果你有伴侣，请试着列一张清单，记下伴侣身上所有让你喜爱的地方。如果没有，就试着想象一位完美的情人。你如果压根儿就不待见什么浪漫爱情，也不妨先坐下来，享受我们即将开始的探索。

你如果发现列这个清单比想象中要难，也不要惊慌。区区几个形容词怎么能概括你的爱人呢？把一个人浓缩成一长串讨人爱的品质，即使是试一下，也感觉几乎是一种背叛。面对这个任务，有的人会转而求诸陈词滥调或泛泛的赞美（"他好善良、超有幽默感"），而另一些人可能又会过分追求具体细节，让外人根本欣赏不来（"我爱她抱怨我或说笑话时眼角皱起的样子"）。

然而，我们往往趋于假设，某人之所以惹人爱，一定是因为他有诸多特性。毕竟，如果没有"理由"就爱上谁，那我们的爱就是非理性的。又如果，这些爱的理由并非所爱之人的特性，那我们爱的似乎就不是"他们"，而是别的什么了。用哲学术语来说，我们假定浪漫之爱应当是"爱欲意义上的"（erosic）①，意思是，我们对所爱之人的特性做出反应，从而产生的那种感觉。

好，假设你已经列好了清单，或者说只要给足时间你就"有可能"做出这样一份清单。现在请想象，你和伴侣正在参观一家新的克隆工厂。这家工厂使用了令人叹为观止的新科技，能生产出任何人的完美活体复制品。你的伴侣被这一切深深震撼，不意失足掉入了克隆机。只见一道闪光，"嚓"的一声，机器里突然出来了两个同样的伴侣！他们在任何方面都没有区别，记忆相同，性格相同，连外表也相同。两人都符合你列在清单里的所有内容。

新哲人

---

① "erosic"一词描述柏拉图哲学中"爱欲"（eros）意义上的爱。爱欲本就倾向于"性"，相较于"仁爱"（agape），其贪婪求取、自我中心乃至自私。与"erotic"（情欲）不同，erosic是对所爱之人的特征（尤其是其美与善等优点）做出反应，而非肉欲。——译者注

插画：艾达·诺瓦和卡洛斯·伊根

那接下来你该怎么办？

事态发展似乎有两种可能。你发现自己要么爱那个克隆人，要么就不爱他，但两种选择都很烦人。如果你的确也爱伴侣的复制人，那么似乎浪漫爱情也并非专一排他。你的"绝世独配"事实上就可以有两个或两个以上了。好吧，就算这没什么，因为你也可以反驳道，即使没有克隆人，人也能同时爱上不止一个人。然而，如果爱上与伴侣有相同特质的其他人，那我们爱的究竟是被爱者的"本体"，还是伴侣所拥有的一组特定属性呢？你爱自己的伴侣，是因为对方有幽默感还是因为你只是喜爱这项别人也可以有的这种"幽默感"？

另一方面，如果你"没有"爱上伴侣的二重身，又会发生什么呢？这听起来可能更浪漫了，好像只有"真人"才能满足我们。如果你相信灵魂存在，可能这就是你要找的答案。也就是说，你爱的是伴侣的灵魂，而无论多么相似，克隆人都不能拥有与原版一样的灵魂。但是，如果爱的不是灵魂主人的特性，那所谓"爱的是灵魂"又是什么呢？何况如果根本就没有灵魂这种东西呢？

HERNE MAN 赫尼曼

"我们的感情得从一场图灵测试说起。"

如果你没有爱上伴侣的二重身，
又会发生什么呢？

我在学生面前做这个"克隆事故"的思想实验时，他们往往会提起与伴侣共享的岁月。无论长短，你和伴侣都已经相识了一段时间，克隆人却是刚刚才蹦出来的。但是克隆人与原版的伴侣有着全然相同的记忆。你可能见过有一些夫妻，尤其是年长些的，都有共忆往昔的习惯。夫妇俩会互相补充对方遗忘的细节，纠正对方的回忆，从而帮助故事立体起来。两口子就形成了所谓的"交互记忆系统"。在我们的克隆人剧情里，你也能和克隆人形成这样一个系统，就像你和原本的爱人一样容易。你可以和克隆人一起，回忆那些严格意义上克隆人没做过但貌似其记忆里有的事情。"双人"浪漫巴黎行也将永远成为你们"三个人"的回忆。

这个怎么说都怪里怪气的故事，重点并不是说你该不该爱克隆人。（我又算什么，能对你指手画脚？）不如说这个故事是为了凸显一些问题。一旦我们试图描绘什么是浪漫爱情，这些问题就会出现。要么，你爱的是这个人的一些特性，这种情况下的爱就不是专一排他的，甚至可以说，这份爱不是针对"这个人"的。要么，你就不是因为一个人的特性而爱上对方，这种情况下的爱就没什么理由了。爱要么可以是"爱欲意义上的"（有理由，因为爱上对方的某些特性），要么可以是专一排他的（没有理由，只是爱"这个人"而非某种特性），但两者不能兼得。这种两难境地就是所谓的"盖尔纳悖论"。

当然，还有其他相关问题。想想浪漫爱情是如何禁受人特性的变化的，何况变化往往显著。你可能会爱上一个无忧无虑甚至放荡不羁的年轻家伙，但40年后抬头看，却发现你现在爱着的是一个成熟、可靠又严肃的中年人。如果爱是针对对方某些特性做出的反应，那么当对方特性发生改变时，你不是应该不再爱这个人了吗？然而只要看看，一个人如何照顾为病痛所摧残，从而性格大变的伴侣，见过几次这种心酸时刻，就会明白，爱确实可以禁受住这样的变化。

解决"盖尔纳悖论"至少还是有办法的。你可能不太会喜欢这个办法就是了。

哲学家斯坦·范·霍夫特是我的同事，同时也是位优秀的爵士贝斯手。他提出了一种绕过"盖尔纳悖论"的方法，虽精妙简单，但还是不太让人心安。范·霍夫特的见解是，坠入爱河很大程度是不知不觉的。我们意识到自己坠入爱河时，其实已经爱了有一段时间了。从这个意义上讲，"投身于爱情"可就不是简单做个"我要去爱谁谁了"的选择，而且你也做不到呀。它是认可了，你在某种程度上已经做出了"去爱"这个选择，就是说我们"发现自己已然投身于爱情了"。然后你就可以悦纳这个"投身"，也可以试着不承认，但"投身"已经发生。

于是当你意识到自己在恋爱的时候，就已经不能自拔了。问题是，到底是什么吸引了你？这就是我们引入"列出恋人特性"实验的用意。范·霍夫特这一手的聪明之处在于，他从形而上学转向了认识论，从"是什么"的本质问题转向了"我们能知道些什么"的问题。或许事实上，我们爱上谁确实是有理由的，但也许并不知道理由是什么。你可能觉得自己爱上谁，是因为对方喜欢狗或者特别有意思，但实际上，你的爱是出于其他一些自己甚至根本没想过的理由。所以，即使对方开始对狗过敏了，或者变得严肃又古板，你也没有不爱他们。或者，即使恋人掉进克隆机，你觉得自己也不会爱上他们的复制品。这些都没有问题，因为无论你爱的是什么，这份爱总是在的。

当然，克隆人都出来了，那事情就更神秘了。有什么特性是克隆人有而原本伴侣没有的呢？然而这也讨论不清，这就是为什么我们还是转向了认识论的解决方案。只要我们不"知道"爱的理由，那爱就"很有可能"是理性的、有理由的，这样"盖尔纳悖论"也就无法成立。

克拉伦斯·"蛙人"·亨利在1961年的一首热门歌曲中唱道："我不知道为什么爱你，但我就是爱。"也许对于每个人来说，爱都是这样的。也许这样也不错。**N**

让一个人去爱另一个人，
或许是所有事情中最难的……
其他所有事都只是
为这件事做准备而已。

莱内·马利亚·里尔克

作品：《吻》，弗朗西斯科·海耶兹，意大利米兰布雷拉画廊藏，1859年

爱就是爱

新哲人

爱不是爱

没有出轨不伤人

克拉丽莎·塞巴格–蒙蒂菲奥雷

插画：艾达·诺瓦和卡洛斯·伊根

电视连续剧《权力的游戏》中有个场景因其情感上的残酷而引得观众心生共鸣。

瑟曦王后被指控犯有通奸、乱伦和弑君之罪。作为惩罚，控制了这座城市的宗教激进主义团体"七神信仰"逼迫她进行一次"赎罪之旅"。瑟曦一丝不挂，金色长发也被剪短，跌跌撞撞走在君临城街上。严厉的女看守摇着铃，大声喝道："丢人！耻辱！不要脸！"公众一边兴高采烈地喊着"臭婊子！"，一边向她扔各种秽物。

瑟曦王后可不是什么温顺的羔羊。她是个残暴、嗜杀且乱伦的狠角色，终为自己的野心所吞噬。但这一幕仍让人五味杂陈，原因只有一个，那就是即使在当今滥情泛性的世界，"私通"仍然会引发人们兴奋、挑逗、谴责和羞耻的矛盾情绪。尽管观众震惊于瑟曦的遭遇，却也暗暗为她的覆灭开心。

自一夫一妻制出现以来，它的宿敌婚外情就一直存在。尽管社会上出台了强有力的激励措施和法律，致力于将性行为约束在婚姻中，但不忠行为从未消失，而且有时是致命行为。如今，在不同国家和宗教中，这些对付出轨的手段和惩处也多种多样，从公开羞辱和曝光，到经济损失惨重的离婚等，某些情况下甚至将出轨者鞭笞致死。

纵观历史，对出轨者的惩罚一直相当严厉。中世纪的英国有一条11世纪的法律规定，通奸的妇女不仅会失去所有的财产，还会失去她的"鼻子和耳朵"。亨利八世就曾以莫须有的通奸罪名，将他的第二任妻子安妮·博林囚禁后处死。他的第五任妻子，豆蔻年华的凯瑟琳·霍华德，也在成为王后仅一年后就因为通奸罪被斩首。

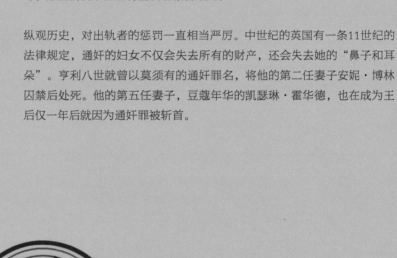

我们被告知的是，和出轨的伴侣在一起，
是软弱和缺乏自我价值的标志。

碰巧的是，《权力的游戏》中的赎罪之旅也是基于真实事件改编的。英格兰国王爱德华四世死后，其弟理查三世指控爱德华的长期情妇伊丽莎白·"简"·肖尔犯淫乱罪。她也被迫公开苦修赎罪，包括只着衬裙，赤足行走在伦敦城尖锐的燧石道上。

然而，终究没有办法能根绝"未经许可的"风流情事。如果非说有点不同的话，那就是"不忠"这个词的意义在当代文化中已经宽泛许多。目前在西方，它包含轻微不忠（一连串小小的调情，累加在一起则变得不再恰当）、精神出轨（与非主要伴侣走得太近）以及所有不忠行为中最普遍的——虚拟出轨（发送色情短信、使用约会软件或者完全在网上私通）。

芝加哥大学的全国民意研究中心在2018年进行的"综合社会调查"显示，13%的已婚女性和20%的已婚男性承认有婚外性行为。然而，我们对私通的集体迷恋要远远超过这一行为本身。我们从来不像今天这样，如此沉迷于私通之事，分析它、监管它、宣传它。即使嗤之以鼻，新闻推送中也充斥着旨在撩人的出轨故事。小说、电影和电视节目则将私通戏剧化，提到的外遇事件往往都是死亡、灾难或离婚的催化剂。就像围观车祸一样，即使谴责着鲁莽的司机，我们的视线也无法从车祸现场移开。

我们用来讨论私通的言辞也很能说明问题。"一说起诗人来，就是情人和冒险家，而大多数人说到出轨者则更爱用背叛者、骗子、叛徒、性瘾者、登徒子、花痴、花花公子和荡妇之类的称呼，"知名心理咨询师埃丝特·佩瑞尔在她的书《危险关系：爱、背叛与修复之路》中指出，"这一词汇系统都围绕着'作恶'这个轴心展开来，不仅反映而且巩固了我们对出轨的判断。'通奸'一词本身就源自拉丁语的'腐败'之意。"

这也是价值数十亿美元的产业。出轨让报纸、小说和自助书籍更畅销，也养活了不少私家侦探、心理治疗师和律师。从擦边色情主播到男女伴游，性工作者也从想私下找点小乐子的男女身上获利。整个在线约会网站，尤其是最臭名昭著的婚外情网站"阿什利·麦迪逊"，都是为了便利出轨者才发展壮大起来的。大笔金钱被投入服务出轨、揭露出轨、弥补出轨后果以及赔偿出轨等事务中。

赔偿可以是字面上的金钱赔偿。美国有一些州，包括北卡罗来纳州、夏威夷州和密西西比州，仍然允许针对感情疏远提起诉讼。配偶可以起诉出轨的伴侣及其婚外情人或两者中的任一方，要求赔偿情感和经济损失。金额往往可以高达数百万美元。2018年，就有法官裁决让一名出轨妻子的情人向被弃的丈夫支付880万美元赔偿。

尽管我们一如既往地害怕出轨，但我们对不忠的集体性憎恶，其背后缘由却已经改变。通奸被认为是一种违背上帝的罪，应受到惩罚。但持续至今，它已经不再是对宗教而是对浪漫之爱的威胁了。爱情，正是我们现在盲目迷恋的一种运动。

《亚当夏娃在拂晓》一书的作者克里斯托弗·莱恩和卡西尔达·杰萨认为，在早期狩猎采集群落里，人们会定期交换性伴侣，孩子则由部落集体抚养。然而，农业社会的发展和财产所有权的出现意味着，拥有合法继承人对土地的传承变得至关重要。男人可以到处游荡而没有太大的后果，女人的性行为却受到严格监管。对女人来说，离婚可能就意味着被社会排斥、失去子女监护权以及陷于赤贫境地。

科技时代，我们的一切似乎都改变了。DNA亲子鉴定方便又快捷，永远不必怀疑孩子是不是外遇的产物。女人可以离开不开心的婚姻或自己也出轨，再不用怕贫困或失去子女。"当婚姻是一种经济安排时，不忠威胁的是我们的经济安全，"佩瑞尔写道，"今天的婚姻是一种浪漫关系的安排，那么不忠威胁的就是我们的情感安全。"

出轨常会被绝对化的字眼描述。你要么是背叛者，要么就完全没有不忠过；要么是骗子，要么只说实话。"一旦出轨入场，所有值得拥有的就都出局了。"美国基督教福音派教士、电台主持伍德罗·M.克罗尔有这么一句名言。即使没有宗教信仰，我们被告知的也是，和出轨的伴侣在一起，是软弱和缺乏自我价值的标志。

在（主要）伴侣不知情与不同意的情况下，到关系之外去寻求性满足，会被视作最严重的罪之一。出轨的一方通常会被说成"有病"或者需要治一治。这个人一定有着不堪回首的过往吧？是不是害怕真正的亲密关系？肯定在受性瘾的折磨吧？又或者这段关系本身是不是早就不行了，已经不可挽回，而不忠反倒是条出路吧？如果我们太过追捧爱情，如果在流行文化中把浪漫之爱看成生活中至高唯一的目标，比事业、子女或社群等都重要，那么出轨威胁的就不仅是被骗的伴侣，还有整个社会的存在理由。

一桩风流事可能会终结一段关系。或者像埃丝特·佩瑞尔所说，出轨也可以巩固一段关系，并使它重新焕发生机和活力，因为双方都被迫正视自己的愿望和需求。无论怎样，正如意大利作家娜塔丽亚·金兹伯格所言："没有出轨不伤人。" N

一夫多妻制，即一个男人可以同时拥有一个以上的妻子，在世界上某些国家的法律和文化里是允许的。但是一妻多夫制，即一个女人可以同时拥有一个以上丈夫的习俗，目前在世界上几乎每个国家都是非法的。

据斯旺西大学、布里斯托尔大学和诺丁汉大学的研究员在英国进行的研究，男性和女性都认为未来伴侣在和自己交往前有过的露水情缘，最理想的次数是"三次"。

2015年6月26日，美国最高法院做出了一项具有里程碑意义的裁决，承认同性伴侣间享有宪法赋予的缔结婚姻之权利。约六成（61%）的美国人支持同性婚姻。

据估计，自恋型人格障碍的发病率约为1%，也有研究称可能高达6%。从目前的数据来看，还不能下定论说它在男性中比在女性中更为常见。

粗离婚率较高的国家是哈萨克斯坦（每年每千人中离婚4.6例）、白俄罗斯（4.1例）、俄罗斯（3.9例）、中国（3.2例）和拉脱维亚（3.1例）。

C.S.路易斯在1960年写了一本名为《四种爱》的书，将爱分为"亲爱"（共情之爱）、"友爱"（朋友之爱）、"爱欲"（浪漫之爱）和"仁爱"（无条件的爱）。而古希腊人对爱的分类则多达八种。

诺丁汉特伦特大学制定了一份"自拍成瘾症行为等级表"。边缘性自拍成瘾症：每天自拍3张以上但不发布。急性自拍成瘾症：每天在社交平台发布3张以上的自拍照。慢性自拍成瘾症：每天在社交平台发布6张以上的自拍照。

2021年，仅全美国就售出了5000万本言情小说，几乎占了图书总销量的20%。

1972年以来，美国的结婚率下降了近50%，目前处于有记录以来的最低点：每年每千人中仅6.5人结婚。

大约十分之九（88%）的美国人认为爱情是结婚一个非常重要的原因，排在托付终身（81%）和找个伴（76%）之前。

20世纪60年代以来录制的所有歌曲里，有70%都是关于爱的。"爱与性/爱或性"紧随其后，自60年代以来出现的比例也从18%跃升到了40%。

虽然让-保罗·萨特是西蒙娜·德·波伏娃的一生挚爱，但是她给美国作家纳尔逊·艾格林写过300多封情书。此外，波伏娃还给克劳德·朗兹曼写过112封情书，而他是唯一和她共同生活过的男人。

蜜糕马①

DBC. 皮埃尔

① "the honeycake horse"（德语 "das Honigkuchenpferd"）是一种用蜂蜜蛋糕制成的马形糕点。德国俗语 "grinsen wie ein Honigkuchenpferd"（笑得像一匹蜜糕马），形容人笑逐颜开、满面春风，来源于做蜜糕马时用糖霜装饰蜜糕，将马嘴画成拱形，呈咧嘴大笑状。——译者注

插画：艾达·诺瓦和卡洛斯·伊根

爱！可以用在神上、人上、生活上、运动上乃至比萨上，展现了一众鲜活的状态，包括吸引、情感、迷恋、激情、神性、依恋、极乐、满足、强迫、陪伴、心痛、折磨、歇斯底里、疯狂和谋杀等。那么当我们谈及爱时，我们到底在谈论什么？就好像我们用"马"这个字来命名每一种生物，却忽略了真正的马。诚然，我们只是想说，爱驱动着所有那些状态，却从未搞清过这个驱动力到底是什么。许多我们认为是爱的状态，其实都只是其他种种状态的极端交叉而已。

以卡尔·坦兹勒·冯·科泽尔为例。这位生于德国德累斯顿的放射治疗师，据说在孩提时就经历过幻象。在某次幻象中他见到了一位黑发女郎，知道她注定会成为自己一生的挚爱。和家人一起移居美国后，坦兹勒定居在佛罗里达州，一度在基韦斯特的美国海军陆战队医院里担任放射治疗师。在那里，他遇到了自己的梦中情人、21岁的古巴肺结核病人——玛丽亚·埃琳娜·米拉格罗·德·霍约斯。

不出所料，他为之倾倒。到此为止这份爱还算美好，只是霍约斯女士后来不幸病逝了。然而，卡尔并没有被区区死亡所阻碍。他出资修了座地下墓室，并保管着唯一的钥匙，两年里每天都去里面看望玛丽亚·埃琳娜。现在看来我们可以称其行为为"癫狂之举"。我们管这叫犯罪，然而也称之为"爱"。

传统观念可能觉得，这只是一个证明了骇人的人类心理能把全然善意的冲动扭曲得面目全非的例子。因为我们似乎觉得，人在神性与混乱间的站位取决于自己的心态，总觉得爱、与爱的热烈程度，总是可以选择的。但是看看1800公里外，维尔京群岛有一位玛格丽特·豪·洛瓦特，在那里参与过一项由美国国家航空航天局资助的实验，教海豚说话。

她与一条叫彼得的年轻雄性宽吻海豚一起生活了6个月，每周有整整6天共享一个全是水的改造房间。实验结束后，海豚被运去很远的地方。它跑到新水池的底部，自杀了。说"自"杀是因为海豚必须主动选择呼吸，而不像我们是自主呼吸。兽医认为彼得死于分离后的心碎，因为它无法理解分离。这只是一种海洋生物，但我们仍把它的感情划入"爱"的范畴。

现在再看看其他物种的例子，我们讨论的自然产生的"爱之力"，看起来具有普遍性。这个想法开辟出了思想的新"马圈"，但在这里，也曾有过想猎取真正的"爱之马"后来却放弃了的人。现在他们丢掉的工具被我们寻得了。我们进入这些领域时，爱的话题已然成了特殊的范畴，免于理性的论证，还自有一套思想免疫系统。比如"谁能定义爱？""谁又理解爱？"，还有"情场如战场，都是不择手段"①等说法。照这个意思，我们的祖先也不要再（理性地）打什么猎了，在（非理性的）疯癫中狂欢才算找到了"爱之马"？

我并不想抨击这种人人认可的、玩闹似的对理性的逃避，但还是要问问：为什么一问及爱，人们就只会耸耸肩不再说话？这样一种我们都一致向往的状态，不可以如此松散。而且，随着非黑即白的二分思维流行开来，爱的观念可能会愈加随意，也许"爱"很快就会仅仅代表"非恨"而已。我们需要尽快找到那匹蜜糕般香甜的"爱之马"。

在更高的"草丛"中，还有其他旨在遮蔽"爱之马"踪迹的思想"游荡"着。比如说"心与脑"（情感与理智）这对经久不衰的二元观念。它们独占着各自的领地，并且自有对方无法企及的法则。唯一的指示只有"从脑而行"还是"随心而动"？就像是选现金（随心，则即刻花掉钱享受），还是选储钱罐（从脑，则未雨绸缪存钱）？此外，心的疆域代表了我们所"想要"的，但也意味着它可能是愚蠢的；与此同时，脑的疆域则代表了我们所"需要"的，但也意味着它可能是明智却不太有趣的。心是动物，欢蹦乱跳，自由自在；脑则是穿戴马刺的牧马人。

这些心脑区别都是老掉牙的讨论了。但这些说法的问题在于，心是如何看待脑的？在这个"心/脑"二元体系下，心对任何事物都不会有任何思考，因此也不能被研究。然而，即使是再原始的力量，肯定也有自己展示智慧的方式。

我建议先把所有这些该死的想法都放一边。因为这不是说，我们仅仅允许"爱"这个蜜糕般甜美的驱动力存在，然后就存而不论了；也不是说，我们只是接受了这股爱的驱动力，带着它过活，别的就不多想了。我们像狗一样穿过敞开的大门，被人鼓励着去追逐这匹"蜜糕马"，而其他则什么都不顾了。

① "All is fair in love and war"（兵不厌诈，爱情也如是）。原文省略了后半句。——译者注

在这一点上，我们可以肆意纵情地去"了解"。心理学也许能够解释，人们为什么会为了自身利益追求电压①和风险，但那个"电压"又是什么呢？

回到本篇开头的故事。经过了两年的探访，卡尔·坦兹勒有一天晚上带着玩具马车来到爱人的墓地，把遗体从墓地运回自己家，又过了七年。有照片显示他曾打算用百万伏特电压的特斯拉线圈让爱人复活，还为她在自己院里造了台真人尺寸大小的飞机机身，希望有朝一日她能和自己一起翱翔天际。坦兹勒一头栽进那股力量当中。

当然，这是一种精神疾病，是犯罪。尽管如此，我们还是要把他那深陷"电压"泥潭的行为当作"爱"。

也许这就是谜题的线索所在，通往谜的真正本质，也指向我们正在寻求的爱之"蜜糕马"。因为我想不出还有其他什么人类状态可以这般可憎、罪恶又富有悲剧性，同时又被认为是来自我们所能列举出来的最高、最神圣的力量。如果坦兹勒把邻居的猫带回自己家里或带走的是陌生人的尸体，那他就是个可恶可恨的罪犯。但他带走的是自己的心上人，这就在我们脑海中创造出了一个新的状态。

我觉得，从卡尔·坦兹勒身上可以得到的关键信息是，这是"他的"爱。这是坦兹勒自己驾驭"爱之马"的独家方式。从某种意义上说，他也只会这样子骑乘这匹"马"，也许这是他唯一会的方式。我们之中另外有些人，为此进入修道院做了修女，还有些人与大树成了婚。这些则是"我们的"爱的方式。

那匹"马"则"无所谓"。没有骑乘者，它只是一种寻找自身定义的想法，就像氢等待氦来创造宇宙一样。但当它来到人身边，欢跳着用鼻子和嘴拱蹭时，我们就知道它是什么了。我们迫不及待地爬上马背，用自己所能做到的方式去驯服它。

可以问问任何一个碰触过"爱之马"的人，他们会说，因为碰触它让人更有"活着"的感觉。它让他们"完满"。因此，如果也算上这一点，而现下存在着一股强大而中立的冲

① 此处原文为"voltage"，似指备受争议的著名电击实验——"米尔格拉姆服从实验"，也称"权力服从研究"。——译者注

你管这叫什么"亲生命性"（biophilia）[1]，
我管这叫性骚扰。

HERNEMAN 赫尼曼

---

[1] 爱德华·威尔逊在《亲生命性》一书中提出了"亲生命假说"（biophilia hypothesis）。他主张，人类有亲近自然世界的本能，并定义亲生命性为"与其他生命形式相接触的欲望"，认为人类与其他生物系统间存在着一种本能的联系，或译"生命亲和力""生物恋""（人）热爱自然的天性"。——译者注

动，使爱之驱动力这一枝"花"结出"获至福"与"犯罪过"两枚相同的"果"，我想问：我们实际上是在识别纯粹的"良质"（quality）吗？它就是所谓的"渴望"吗？它是最完满生命的中性精华，是各种资源中的一股上升气流，从前那里是汩汩流淌的硫黄沼泽，我们从中生发；它是沉醉在未消化食物中翻腾的菌落，或是精子奔向卵子的竞赛，我们通过竞赛，在蠕动的一闪中再次升腾，享受另一个受孕的瞬间；又或者，它是"自然发生"（abiogenesis）本身的化学作用，从无生命的物质中迸出了生命的火花——这似乎就是我们对爱的希望、对爱的体验。

罗伯特·M.波西格在其1991年的著作《莱拉：一场对道德的探究》中提出，"良质"分为两种：跃动良质和静固良质。"跃动良质"就好比是人听到一首超赞的歌，浑身过电一样，欣喜若狂，不由自主地要再听一遍；而相对而言，"静固良质"则是将这首歌听上一百遍后仍然喜爱，但没了当初那股新鲜的冲动。照这个思路，我们也可以说，对某人或某物神魂颠倒、坠入爱河，无疑就是纯粹的跃动良质，而美好婚姻的第十个年头则是静固良质。

很明显，我们生来就渴望得到。我们渴求着，并伸手够向生命苗圃中那无形的"电压"。冲破苍穹，像花朵一样绽放。

我们追逐着"良质"，离了它宇宙也难以存在。
那是发自肺腑、竭力求活的清澈之光。

玛丽亚·埃琳娜的家人最终发现了卡尔·坦兹勒的秘密。他们把被各种古怪方法防腐过的玛丽亚葬在了没有标记的坟墓中，在那里，她的遗体不会再被胡乱摆弄了。当时的调查人员和法医报告说，坦兹勒除了追逐离奇的爱情，倒也没有其他不合适的地方。那时也已经过了侵犯身体罪的诉讼时效。我们也无须了解更多。尽管检察官也能轻易找些其他罪名指控坦兹勒，但最后他还是被无罪释放了。

但仿佛，所有人都知道有匹"蜜糕马"来过。 **N**

我转过身，发现渴望就在侧近；
我看着她的眼睛，现在她的手
正坚定地将我引领。

———◦════◦———

莱内·马利亚·里尔克致露·安德烈亚斯·莎乐美

作品：《雪中相合伞》，约1767年，铃木春信

尼采「闪约」尝鲜记

作者/漫画家：科里·莫勒，《存在主义漫画》。

① 出自《论非道德意义上的真理与谎言》（*On Truth and Lies in a Nonmoral Sense*）。——译者注
② 出自《查拉图斯特拉如是说》第一部"赠予的道德"。"Der Mensch der Erkenntnis（the man of knowledge）"
　　是"有知识的人"。德语"der Mensch"即英语"man,person,human（being）"，一般的英译本也用了"man"。此
　　处用"knight"似是戏谑用法，故译为"有知识的人士"。——译者注
③ "To find everything profound"为"对一切事物探究到底"，出自《快乐的科学》卷三。此处译为"觉得一切都很
　　深奥"，以呼应前一句对方觉得"深奥"之语。——译者注

① 源自《偶像的黄昏》一书中的"格言与箭"。括号里的增译为原书译者注，出自尼采其他笔记。——译者注

情迷陌生人

○━━━○

玛丽安娜·亚历山德里

看到我丈夫时，他正和一个还没上学的小孩说话。我当时就想，我们必须终止我们的小游戏：假装不认识这个和我一起生活的男人。在众人面前这样太可笑了。我埋怨他让游戏变难了，但也很为他骄傲。毕竟是我建议的，让他父母在家照看孩子们，而我们俩则利用周末，在陌生的城市里扮演陌生人。在咖啡馆里和一对父女聊天，完全在我丈夫的权利范围内，更不用说也完全符合他的性格。他在考验我，但也许我也能给自己一个惊喜。

表面上看，我和丈夫走到这一步，是因为已经人到中年。在一起15年了，我们需要一些情趣、些许新鲜感和冒险。如果再不尽快得到一丝光、一点热量和水分，我真的就要干枯死透了。虽然听起来很傻，但做一回陌生人似乎是个办法，俗套但刺激。游戏让我们离出轨这么近，但又不会真的被玷污。我们获得了快感，又不用冒着被杀戮的危险。二十岁出头的时候，我曾经有过一段事实上的风流事，虽然获得了无与伦比的兴奋，但也带来了同样程度的痛苦与内疚。如果当时理智一点的话，我不会选择那样的生活。

排队点早餐时，我的感官都清晰了起来。我注意到前面的男人给了他不到十岁的女儿一个熊抱。我仔细打量着父女俩前面的女士所穿的锈色宽松亚麻裤，拿不准是过时还是个性。我闻到咖啡和熏肉的味道，飘向那些令人愉悦的主顾。那天清晨，在离家很远的地方，感受到的是期待的兴奋，而非等待的苦闷。我清醒了。

立陶宛出生的法国哲学家伊曼纽尔·列维纳斯，提醒我们不要做"休眠商户"。哲学家总是告诫人们要清醒，但列维纳斯补充了一个细节：除非我们学会被我们自认为了解的人惊讶到，否则就不能自称有道德。"伦理学是违背天性的，"他说。因为它需要认清除"我"以外，"他者"也存在并拥有一个完全属于他自己的世界。我们越早承认"不了解"所爱之人，就能越早与其相熟。

那么，将一个人视为独特而无限的，也就是承认
对方的迷人，即使我们已经不再注意他。

点了墨西哥奶酪伴豆三明治后，我扫了一眼吃早午餐的人，找到我的男主角后，向他走去。所幸他丢开了新朋友，找了张桌子坐下。我假装餐馆里人很多，问能不能跟他坐一张桌。他微笑着点点头，却始终没有向我报出名字来。接下来，就是在两个不同世界的三天。我既是和丈夫一起吃牛角包的妻子，又是和有妇之夫在城里闲逛的有夫之妇。我还是原来的我，但又重新变得独立、不知餍足和有趣起来。似曾相识一般，我以前也来过，但现在又在这里了。看着洗手间镜中的自己，我可以承认，那个陌生人就是我丈夫。但他每分每秒都变得更年轻，愈发神秘、愈发迷人。他让我惊讶。列维纳斯笑而不语。

我从一开始就知道，这个周末的意义并不在于逃避。我们也没有假扮成其他更有趣的人。关键是要发现，随着时光流逝，我们变成了什么样子。我没有打断陌生人，让他自己述说，并问了一些15年来都没开口问过的问题："再跟我多说些你在雅典留学的事吧。""你觉得人最糟糕的品质是什么？""你酒驾过吗？"

列维纳斯会说，我所倾听的，是丈夫的"面容"。面容是赤裸的自我，是默默寻求关注的我们内心脆弱的部分。列维纳斯口中的"神圣"时刻，是"对他者的关注冲破对自我的关注"之时。一次又一次，我发现自己在一步步接近这样一个人：他曾说得一口流利的希腊语，开着翻斗车满旧金山转，高中时候还是鼓乐队队长。这是我有生以来第二次意识到，这个人是独特的，是无限的。

列维纳斯坚持认为我们有独一性和无限性。当我们宣称对某人了如指掌时就已经搞砸了，因为这是把对方当作消耗品了。"如果我厌倦了最好的朋友怎么办？如果我们没话可说了怎么办？"学生曾问我。"对列维纳斯来说，这意味着你错把友谊当成了衣裳、电视或推特。"我回答。如果厌倦了另一个人，那你和对方的关系就错了。你已经把他们与商品混淆，当成了可以耗尽的东西。我们是人而非物，有的是尊严而非标价。人是取之不尽，用之不竭的。那么，将一个人视为独特而无限的，也就是承认对方的迷人，即使我们已经不再注意他。

有些向"陌生人"提出的问题，我本可以替丈夫回答，可能也的确替他回答了一些。不过本着列维纳斯式的好奇之心，我想看看普通爱喝波特酒的人和那个我笃定更喜欢喝波特酒的人，会不会做出同样回答。"我们必须允许人会改变。"列维纳斯一直在我耳边低语。别纠正他的记忆，别去提醒他对开心果过敏。列维纳斯式的爱是这样去接近人的：让我看看你现在是怎样的，而不是"你保证你永远不改变"。列维纳斯式的爱是松弛、开放又扩张的。相比之下，想想今天的爱成了什么样子——过紧的拥抱、占有欲极强的亲密和无法兑现的承诺。美国有个电视游戏真人秀节目《新婚游戏》，会颁奖给最了解彼此的夫妇。不知道配偶的某些事则意味着两人的爱不完美，"还差点儿火候"。我们越是试图了解对方，消耗甚至吞没对方，就越容易将他们像包装好的礼物一样晃荡，对他们造成的伤害也越大。列维纳斯警告，"知道"就是"紧抓住所知的对象"，是占有性的，而占有便否定了独立。虽然被人了解的感觉也能抚慰人心，但终究我们不会喜欢这种被人占有的感觉。

对我来说，很难走出那个周末。说再见的时候我都快哭了。在回房间的电梯里，我担心自己的理智。我曾如此喜欢把中年的自我展示给喜欢我的人。但很快，沉闷又模糊了双眼，于是我爬进车、坐到副驾驶位上。出轨（即使是装的）怎么都容易，因为新鲜感自然而然就有了，激素就是润滑剂。而让已经很了解你的人再为你惊讶，却是很难的，更像在柏油路上滑行，何况对着随时打嗝的人就更难着迷了。毫无保留地展示自我是好事，但是看着另一个人毫无保留地展示自我就未必那么好了。通往中年爱情的道路并不平坦，但是我的实验表明，我们如果忠于"他者的面容"，如果想尊重早餐桌对面那个肉体凡胎的无限性，就得离开沙发，调整姿势，然后一起探索不熟悉的自我。 N

我们越是试图了解对方，消耗甚至吞没对方，就越容易将他们像包装好的礼物一样晃荡。

论爱

O——O

伯特兰·罗素

虽然爱与知识都是必要的，但从某种意义上说，爱却是更根本的，因为它会引导聪明的人寻求知识，以设法使自己所爱之人受益。但人如果不聪明，就会满足于相信别人所告诉他的，这样即使有最真诚的善意，也可能带来伤害。

爱比恨好，因为它能调和当事人的欲望而不会带来冲突。互相之间有爱的两人，成败一体；但当两人互相憎恨时，任何一方的成功都是另一方的失败。

我所说的道德观很简单："爱是明智的，而恨是愚蠢的。"

男孩和女孩应当尊重彼此的自由。他们应明白，没有什么能让一个人凌驾于另一个人之上；他们应明白，嫉妒和占有欲会扼杀爱情。

LOVE

LOVE

LOVE

LOVE

最好的东西来自我们的内心，比如：创造性艺术、爱和思想。

安全的时候我们恨恨邻居也就算了，危险的时候我们必须爱他们。

LOVE

喜爱权力是人性的一部分，但从某种确切的意义上讲，权力哲学是精神不正常的。

爱远不只是对性关系的欲求。它是大多数男女逃离孤独的主要手段，而孤独在一生的大部分时间里都折磨着他们。

三种简单却无比强烈的激情支配着我的一生：对爱的渴望、对知识的探求，以及对人类苦难无以抑制的怜悯。它们像狂风般恣意把我吹向四方，掠过苦痛的深海，直至绝望的边缘。

在所有形式的谨慎中，爱情中的小心翼翼也许对真正的幸福最为致命。

我们这颗毁灭殆尽、再无生气的行星，将继续无目的地绕着太阳，漫游无数岁月。而曾赋予人类生活以价值的那些欢乐与爱、偶现的智慧和创造美的能力，也无法拯救。

LOVE

良好生活，为爱所激励、为知识所指引。

人类爱之深

○━━━○

汤姆·查特菲尔德

我在写这篇文章时，8岁的儿子和6岁的女儿正在花园里乱跑，叫着笑着，扮成猫、狗、龙什么的各种动物，而我则努力集中精神斟酌字句。与我们最早踏上这片土地的远祖相比，我的孩子在哪些方面与他们相似，又在哪些方面与他们不同呢？

孩子穿的衣服、皮肤（相对）清洁的程度或者他们正在说的语言，所有这些都是当下特有的。然而，即使莫名其妙，塞来两个旧石器时代晚期的新生儿让我养，他们也会快乐地掌握我家孩子现在所能掌握的一切。他们也会成为现代人。因为，"现代性"描述的不是我们的基本天性，而是我们成长的环境。

我的孩子和几万年前出生的孩子有着相同的基本生物学特征，也一样从出生就得完全依赖别人。人类孩童在生命的最初几个月里不能自主抬头，半岁前不能自行移动，一岁前不会走路，十多岁才开始获得成年人的力量或弹性，十五岁后才完全性成熟，然后到二十五岁还在经历大脑前额叶皮质的实质性发育。没有任何其他物种需要这么长时间才能长成独立个体，或者有这么多项能力不是生来就会而是需要后天培养的。要做到这一点，必须具备"爱"与"学习"两种属性。而自从智人首次在非洲大陆行走以来，这两者就一直交织在一起。

插画：艾达·诺瓦和卡洛斯·伊根

在讨论进化和生存的教科书中，"爱"
这一字眼并不常出现。

从进化的角度来看，童年最重要的优势就在于它所体现的"改变的潜力"。正如哲学家、心理学家艾莉森·高普尼克在1998年出版的《宝宝也是哲学家：学习与思考的惊奇发现》一书中所说："人类比其他任何生物都更具备改变的能力。我们改变周边的世界，改变他人，还改变我们自己……而'我们会改变'这件事，解释了为什么儿童是这个样子的，甚至从根本上解释了童年为何存在。"与童年相伴的是神经系统非凡的可塑性，正是它使我们得以发展出人类所独有的文化、技术和智力技能，并将其代代相传。但是，这学习能力和灵活性是用力量与本能换来的，如此冒险的交易最初又是如何达成的呢？

人类学家萨拉·布拉弗·赫迪的研究提供了一个答案。通过对灵长类动物繁殖策略的研究，赫迪自20世纪70年代末以来就一直在论证，从社会生物学的角度来看，养育幼儿一事一直就被系统性地误解了。自远古以来，人类婴儿的存活就依赖于复杂的爱的劳动网络。她在2009年出版的《母亲与他人：相互理解的进化起源》一书中写道，"人类的超社会性"表现为，人对我们这个物种中即使是非亲缘的成员，也有着深厚而共情的兴趣。这对解决"付出高昂代价确保发育缓慢的幼童存活到繁育年龄"这一难题至关重要。

赫迪的研究肯定了，重要的不仅是人类后嗣能在其绵延数年的脆弱未成年期习得无数技能；同样重要的还有，成年人有足够的能力、奉献精神和充足的资源来教育幼儿。其他灵长类动物最多只是在分享食物、争夺地位和寻求庇护时容忍非亲缘幼崽，而群体内的攻击和残杀是家常便饭。相比之下，人类终生都展示出对彼此福祉的深切共情。这也延伸成为各种以养育幼儿为主题的支持网络，不仅包括幼儿的父母，还包括其兄弟姐妹、叔叔阿姨、祖辈以及群体中的非血亲成员等。事实上，在灵长类动物中，只有人类会给予自己生育的成年人以特殊地位。他们的知识、经验和援助，使其成为无价的照顾者和文化守护者。

这并不是说人类的本性和历史中就没有暴力、偏狭和残忍的特例。相反这正说明，其中最根本的是关怀而非冲突。正如赫迪所言："进化心理学等领域的教科书，对攻击行为或两性如何竞争或吸引配偶的讨论，要远远多过早期的人类如何共享以共养后代的讨论……然而，如果没有共同的照看和供给，所有那些群体间和群体内的战略制定和冲突，从进化的角度来看，就都只是埋怨和扭曲罢了，什么也代表不了。"跨过冰河时代、挨过物种灭绝时期，我们的祖先努力战胜了环境的挑战，也不断努力改造环境以适应自己。促成这一切的进化策略，最终要依赖于人类之爱的深度和多样性，依赖于对子女、父母、亲人和同志的爱，以及对知识、技能和美的追求。

在讨论进化和生存的教科书中，"爱"这一字眼并不常出现。或许是因为它可能看上去并不科学甚至太过感情用事，似乎是将私人情感投射到经验性事实上的非必要行为。然而，对我来说，在共同的历史背景下谈论这些很重要，它可以让我们提醒自己，征服、侵略和统治还不到人类叙事的一半。归根结底，只有用成年人的眼光来打量童年时，后者才是一种神秘、一种负担。从物种角度来看，奇妙之处不仅在于成年人付出了多大努力，而且在于最微薄的投入也能让儿童获得巨大回报，以及在于，强调个体经验在多大程度上忽视了我们人类最了不起的地方。正如高普尼克总结的："如果我们只关注成年人的能力，比如长期规划、速度和自主执行……，那么婴儿和幼童确实会显得相当可怜。但如果关注人类独特的'改变'潜能，尤其是想象力和学习能力，那么成年人看起来就很迟钝了。"我们的脆弱性，那种持久又共情的相互依存，也正是我们最大的优势。

为什么这很重要？因为与其他事情相比，我们今天所重视的故事以及我们相信历史会带来的教训，都有着深远的意义。我经常参加与21世纪科技相关的会议，屡次震惊于女性在这些场合中的相对缺席。更为震惊的是，对于为人父母、抚育子女和培养教育等话题，严肃的讨论也很是匮乏。当然，也并非全无涉及，但是，有太多时候，构想人类最高志向的叙事方式，往往是些最粗暴的达尔文主义字眼。仿佛大家谈的是一场军备竞赛，只有最适者和最具侵略性者才能存活。所有这些都令人痛心，既无法如实反映那些帮助我们人类走到今天的价值观和优先事项，也反映不了那些最有可能保障我们继续生存的价值观和优先事项。∎

"人的救赎，通过爱得到，在爱中实现。"

维克多·弗兰克尔

"爱是永恒的象征，混淆了所有时间概念。"

斯塔尔夫人
（安娜·路易丝·热尔梅娜·德·斯塔尔）

"世上最好最美丽的东西是看不见也摸不着的，只能用心去感受。"

海伦·凯勒

"理想主义者的反面往往是一个无爱之人。"

阿尔贝·加缪

"什么是爱？哦宝贝，别伤害我，别再伤害我。"

哈达威
（特立尼达裔德国电子流行歌手，代表作"What is Love"）

爱

"君子怀德，小人怀土。"①

孔子

"心怀爱，你就永远不会缺爱。"

D. M. 马洛克·克雷克
（黛娜·克雷克）

"只有爱，过去现在将来一直在。"

E. E. 卡明斯

"有人说，爱情会使聪明的人变愚笨，使愚笨的人变聪明。"

德尼·狄德罗

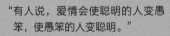

① 此段全文为"The superior man loves his soul; the inferior man loves his property. The superior man always remembers how he was punished for his mistakes; the inferior man remembers what presents he got."（Frederick B. Wilcox, A Little Book of Aphorisms, p.185,1947.），即《论语·里仁》的"君子怀德，小人怀土；君子怀刑，小人怀惠"。——译者注

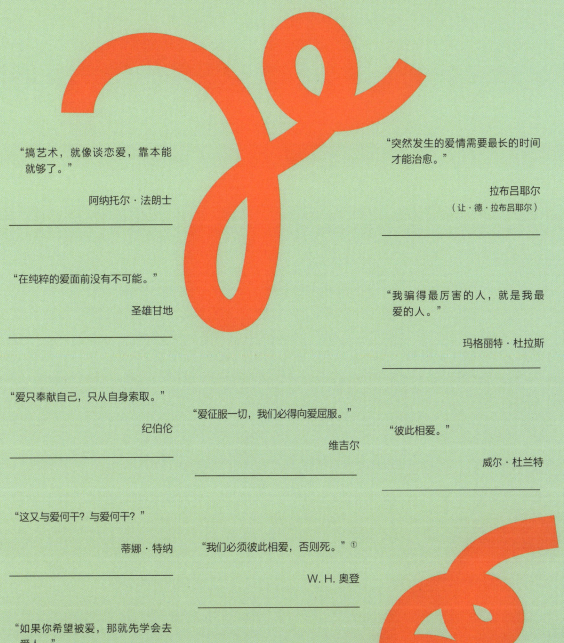

"搞艺术，就像谈恋爱，靠本能就够了。"

阿纳托尔·法朗士

———————————

"在纯粹的爱面前没有不可能。"

圣雄甘地

———————————

"爱只奉献自己，只从自身索取。"

纪伯伦

———————————

"这又与爱何干？与爱何干？"

蒂娜·特纳

———————————

"如果你希望被爱，那就先学会去爱人。"

小塞涅卡

———————————

"爱是所有激情中最强烈的，因为它同时攻击头脑、心灵和身体。"

伏尔泰

———————————

"突然发生的爱情需要最长的时间才能治愈。"

拉布吕耶尔

（让·德·拉布吕耶尔）

———————————

"我骗得最厉害的人，就是我最爱的人。"

玛格丽特·杜拉斯

———————————

"爱征服一切，我们必得向爱屈服。"

维吉尔

———————————

"彼此相爱。"

威尔·杜兰特

———————————

"我们必须彼此相爱，否则死。"①

W. H. 奥登

———————————

① 诗人后因不满"or"，将其改为"and"，进而终于删掉了整个小节，因此有些译本没有这句名言。但奥登全集的编辑还是将其收录进来了，因为此名句早已脍炙人口。——译者注

爱的更广义

约翰·阿姆斯特朗

插画：艾达·诺瓦和卡洛斯·伊根

对我们来说，爱的概念自然是极珍贵的。我们用它来定义自己与他人之间最投入、最慷慨、最温柔、最复杂（有时）也最伤痕累累的关系。对伴侣、子女或父母的爱（以及所有随之而来的渴望、恐惧和失落），是自我认同的核心。

但人也总有一种冲动，要把爱的领域拓展到这个亲密圈子之外。例如，异教徒观察到，早期基督教的一个奇特之处，就是基督教信徒可能会"爱"一位神，而不仅仅将其当作一种力量来崇拜。

有那么一位可能是最关注爱的思想家，那就是在拉丁世界以"阿维森纳"之名为人所知的伊斯兰学者，阿布·阿里·伊本·西那。在《论爱》中，伊本·西那把爱视为理解万物的核心概念。鸟儿爱飞翔，果树爱开花，甚至石头也爱静静地待在那儿，渴望被开凿、被塑造成形，而且渴望（像在某种婚姻中一样）被嵌进优雅的拱门上，成为顶石。而作为回报，我们人类则帮助万物成就其最好的自身，以此表达对万物的爱，所以我们种植果园、建造宫殿。

14世纪初，但丁怀着同样不羁的雄心，把爱塑造成了爱因斯坦广义相对论的中世纪版本。他在《神曲》的结尾写道："爱也推动那太阳和其他的星辰。"

18世纪晚期，诗人开始谈论他们对自然的浪漫眷恋。华兹华斯对林地中溪流的情感，似乎就像对他深爱的母亲或妹妹一样热烈。民族主义者很快也赶上了同样的潮流。1848年，理查德·瓦格纳在德累斯顿的演讲中告诫听众："你们的祖国叫德国，要爱它胜过一切。"然而今天，我们可能会说自己"爱"自家菜园或"爱"冲浪，"爱"自己最喜欢的鞋，或者"爱"意大利贝加莫那家无论如何都想再吃一次的餐馆。这可能只是一种修辞手法、一种夸张表达，但也可能是一种模糊的、无意识的哲学冲动。它强调，爱实际上在人类经验中占有广阔的疆域；它也主张，从初恋时的心潮澎湃，到在贝加莫"拉利门塔里"餐厅的露台上用晚餐的心情，存在着某种重要且真实的连续性。

我认为应该认真地看待爱的这种广阔视野，我尤其想要关注一个在我看来，一直不幸被压抑的领域。它可以响当当地被称为"高雅文化生活"，也就是我们与思想和艺术的邂逅。我觉得应该更浪漫地对待哲学、文学、绘画和建筑——当然还有鞋。然而，是否存在着一种更可信的现代方式，来论证这种"爱的更广义"呢？

我认为，关于爱为何物最有用且最简短的解释来自蒙田。他一生中只有过一个真正的密友，对方却在他们才三十多岁时就去世了。后来，蒙田在问自己如何解释他俩之间的爱时，他这样说："因为是他，因为是我。"这话直白得会被当成老掉牙的甜言蜜语略过，但它建立了关于爱的一个基本等式：爱是我的需要与对方品质的混合物。

我们在爱上谁的时候，就会在对方"内心"看出旁人容易忽视的种种。我们看出他们的脆弱、高贵、善意以及与自身痛苦的挣扎，看出他们的强颜欢笑，注意到他们尴尬的犹豫、热情的迸发和深思熟虑的退缩。也就是说，对于体现他们是怎样一个人的这些细节，这些难以捉摸、微妙但又意义重大的细节，我们是很敏感的。

但我们并没有以真正客观的超然态度来观察这些细节。对方隐藏的美，触动到了我们内心深处的某种需求和渴望。我们心里那些脆弱、孤独和隐秘之物，都被自己对它们的感知带了出来，浮出水面。对方身上的优秀美好之处，唤着我们天性中更脆弱迷茫的部分，而后者渴望着陪伴和救赎。

这种感知和内在渴望的模式，让爱的适用范围变得更广泛。我们仍在处理蒙田的问题——"是我的什么和对方的什么，创造了爱？"只是现在，对方不是一个"人"了，而是一个智力或艺术的对象。

这种延展是有道理的，因为思想和艺术品都具有个性。以黑格尔的"扬弃"概念为例。它的个性是什么？是一种巧妙而狂野的希冀，希望所有现在看似充满痛苦争议的愿景和价值观之间的冲突，最终都能得到解决。任何一方都不完全正确（"取消"是扬弃的多种意思之一），但两方都很重要。随着思想的进化，每一方的真理可以用一种更准确的方式重述。然后从更高的境界来看（扬弃也暗示着"提升"），不同观点间的对立将会消失。

黑格尔可能实际是在讨论"宇宙顺应诸神意志"与"虚空中只有原子"两种观点之间的冲突。但我们听到的（在我们爱着的时候）是对一段艰难友谊的分析，是童年时对争吵不休的父母不能关注到双方优点的绝望，是我们天性中的斗争艺术（比如悲哀的怠惰和被激怒的野心）融合进了成熟的宁静。

在黑格尔的《精神现象学》中，这一概念得到了进一步发展。虽然相关部分没有提到我们的朋友、父母或者自己内心的困苦，但是我们可以把握这一概念的特性，可以感受到自己对它的情感需求。我们可以"爱"它。

或者说说建筑？安德烈亚·帕拉第奥的玛尔孔滕塔①别墅（也称为佛斯卡里别墅，以委托的家族命名）建于16世纪50年代末，离威尼斯不远。今天，从它美丽庄严的门廊向外看，一座简单的小花园（还有棵可爱的柳树）远眺着布伦塔河灰绿的水，精美绝伦的窗户下面有几个橘子盆栽。

从理论上讲，它是世界上最具有影响力的建筑之一。学者对其原主人的财务状况、帕拉第奥式建筑的风格演变、所用的石头种类以及主要房间内壁画的寓言意义（非常乏味）都了如指掌。

但是爱又怎么样呢？我们可以对一件事，更确切地说是对一个人，了解很多，却不带丝毫感情。这是必然的，否则每份简历就都是情书了。这座建筑的个性又是另一回事：它极庄严却又亲切，超越时间却又代表了它的时代，奢华却又简洁。看它、感受它，正是这些为爱开辟了一个空间。虽然如此渴望，但在我们自己的生活中，却很难在两个极端之间找到公正之道。对我们中的一些人来说，这样的建筑就是自己想成为的样子。或者更确切地说，它就是我们自己的榜样，引人奋进。

在智力和文化生活中，将爱作为一种伟大的创意对我们确实重要，触动人的灵魂。举的例子如果是人们可能喜欢的某种特定理念或某栋建筑，就有可能产生误导。但我举例的意图是完全不同的——想爱就爱，只要是爱就好。

在我看来，令人痛苦的是，爱已经失去了它在文化舞台上曾拥有的任何威望。我们渴望博闻强识、见多识广，却没有抽时间去问问，为什么有些东西能感动或触动我们。在社会的，官方的文化世界，鲜为人知的事实或附带发生的逸事（还要有品位地表述出来）才是重要的。试探性地明确表达爱，似乎显得脆弱，而且还落在了游戏规则之外。我想，没有哪一次期末考试会这样提问："掏心窝子地说，你最爱毕加索（或柏拉图）的什么？"然而，这却是我们需要了解、听到和彼此讨论的。

我脑海中出现了一幅对比的图景。节庆中（从有节庆之始算起），一大群人在光影点点的美丽黑暗中欣喜若狂地摇摆，有谁正吟唱着对爱的渴望。而我正在一家书店的无人角落寻找关于黑格尔或帕拉第奥的大部头。关于爱，我们还谈得不够，远远不够。▣

---

① La Malcontenta（不满者），传说佛斯卡里家某位配偶曾因不履行夫妻义务被关于此。——译者注

情书六则

奥诺雷·德·巴尔扎克致汉斯卡夫人

1835年6月

我亲爱的天使：

我几乎为你发疯，就像任何疯人那般疯狂。我没法想事了，你老是出现在我各种念头之间。我满脑子都是你。尽管我自己过不去，想象还是把我带到了你身边。我紧抱你、吻你、爱抚你，千般最柔情的爱抚占据了我的身。至于我的心，你将永存我心，永远永远。你在我心中散发芬芳。但是我的上帝啊，如果你夺去我的理智，那我又该当如何？

这是一种偏执狂了，今天早上把我吓坏了。我时时刻刻都会起身，对自己说："来吧，我要往那里去！"但我又坐下来，被责任感所驱使。这真是可怕的冲突。这不是人过的日子，我以前从没有这样过。

你吞噬了一切。我一放松想你的念头，就感到又蠢又幸福。我在甜美的梦中旋转，一瞬即是千年。这种状态真是太可怕了！为爱所征服，在每个毛孔里都感受到爱，只为爱而活，眼看自己被悲伤吞没，然后被万千蛛丝缠裹。哦，我亲爱的伊娃，你不会知道的。我收到你的卡片，它正在我面前，然后我跟你说话，仿佛你就在这里。我看到你，就像昨天我也看到你一样。你那么美丽，惊为天人。昨天一整晚，我都对自己说："她是我的！"啊！天使也没有昨日的我这般快乐！

拿破仑致约瑟芬

1796年7月17日，意大利马尔米罗洛

我收到你的信了，可爱的朋友。我满心欢喜，感激你不辞辛苦告诉我近况。愿你今日感觉能好些，相信你一定康复了。我诚心盼着你能骑骑马，对身体肯定很有好处。

自从离开你，我就一直郁郁寡欢。我的幸福就是陪伴在你身边。我无时无刻不在回忆你的爱抚、你的眼泪和你深情的关怀。无与伦比的约瑟芬，你的魅力点燃了我的爱火，不断燃烧闪耀。什么时候我才能摆脱所有的挂念、所有的烦忧，只和你一起度过我的全部时光呢？什么时候我才能只是爱你，只需要想着对你说爱你、向你证明我的爱呢？我会把你的马送过去，但希望你很快就能过来找我。几个月前我以为只是爱你，但自从和你分开后，我觉得爱你更甚从前千倍。自从认识你以来，我对你的爱恋与日俱增。这证明了，拉布吕耶尔的名言"爱情来得太突然"是错的。自然界中的一切都有它自己的进程和不同的生长速度。

啊！恳求你允许我看到你的一些缺点。别那么美丽，别那么亲切，别那么深情，别那么善良，尤其是别太过焦虑，永远别再哭泣。你的眼泪夺去了我的理智，让我热血沸腾。相信我，我做不到的——何时何日不思君，何愿何求不禀明。

歇息吧。快快恢复健康。来找我吧，至少死前我们还能说："我们曾日日欢喜。"一千个吻给你，也勉强给你的福尔图纳①一个吻吧，尽管这狗对我凶得要命。

波拿巴

① 福尔图纳是约瑟芬很喜欢的公巴哥犬，它警惕所有接近女主人的男子，曾在卧室咬伤拿破仑。——译者注

贝多芬致他"不朽的爱人"

1812年

即使躺在床上，我的思绪也飞往你那儿了，我不朽的爱人。时而欣喜，而后又悲伤，我等待着命运眷顾，看看它是否会倾听我们的心声。我要么只能与你一同活着，要么就干脆死去。是的，我决心去到遥远的地方久久徘徊，直到能飞进你的怀抱、与你同在，直到我的灵魂被你的包裹，进入那灵魂的国度。是啊，我后悔，只得如此。你若知道我对你的忠诚，就更能熬过这一切。再也没有别人能得到我的心，再也没人——再也没人！哦，神啊，为什么一个人必须离开自己如此深爱的人，而为什么我如今在维也纳的生活是如此悲惨。你的爱让我同时成了最幸福又最不幸福的人。以我现在实际的年龄，应当更需要某种连续性，某种生活上的相似。但在这样的情况下，我们还能得到那些吗？天使，我刚听说邮件每天都会寄出，所以现在得收笔了，这样你就马上能收到信了。冷静下来，爱我吧，今天爱我，昨天也爱。

多少渴望，尽在泪中，为你而流。你——我的生命——我的一切——再会。哦，继续爱我吧，永远不要怀疑——

你最爱的
路德维希
那最忠诚的心。

我永属于你。
你永属于我。
我们永远属于彼此。

泽尔达·塞尔致F.斯科特·菲茨杰拉德

1920年9月

我顺着铁轨望去，看见你正走来。从每一片薄雾中，看见你穿着那漂亮的皱皱裤子正匆匆向我奔来。没有你在，我最亲爱最亲爱的，我看不见、听不到、感觉不到、思考不了，甚至活不下去。

我如此爱你，这一生永不再让你离开，哪怕一个夜晚。没有你，就好像乞求暴风雨的怜悯，或好像扼杀了美，又好像轰然老去。我好想吻你，吻你后背那可爱的头发根，吻你的胸膛。我爱你，但无法告诉你，我有多爱你。

一想到我死了你也不知道……，你得试着感受感受我有多爱你，你走后我是多么死气沉沉。我甚至恨不起这些该死的人了——除了我们，没人有权利活——他们玷污了我们的世界。但是我没法恨他们，因为我好想你。快来，快来我这里吧。我的爱人，我的情郎，亲爱的。——你的妻

汉娜·阿伦特致马丁·海德格尔

1928年

我还像最初那天那样爱你，你是知道的，甚至在这次重聚之前，我也一直知道。你指给我的路比我想象的更长更艰难，需要整整漫长的一生。这条路上的孤独，是我自己选择的，也是我唯一的生活方式。但命运留存的荒凉，不仅夺走我在这世上生活的力量，让我孤立无援，同时也挡住了我的路，那条贯穿世界的道路，它宽广得无法越过。

只有你有权知道这些，因为你一直都是知道的。我想，即使我最终保持沉默，也永远不会说谎。我付出的总是与别人向我索求的不相上下，而这条路本身就是我为我们的爱负责并应履的承诺。如果失去了对你的爱，我也就失去了活着的盼望；但如果逃避这份爱给我的责任，我也就失去了它及它的现实。

艾丽丝·默多克致布里吉德·布罗菲

1960年

谢谢你（弗洛伊德式）的诗，我已收到。
必须承认，它使我振奋不少，
回信语气如有些许讽刺，
希望你不要气恼。
被致以这样拜伦式的问候，
我其实也猜你是否会怨愤声讨。

既然你珍视两性的融合，
亲爱的拜伦无疑是典范一个。
你的信也写得聪明独特！
有件事令人困惑。
你想让我是女又当男，
或干脆雌雄同体，满足你的选择，
而到了你自己，却总有借口开脱。
（"你真幽默！"）

要理解这个，我是真的不会，
别用弗洛伊德和他那些黑话，因为
我不把性当作基本范畴。
当然，是人都有性别，我不能说不对。
为了护照、衣服什么的，
我是个女人，不对这兴师问罪。

男人总是竭力束缚女人，
那么如果能有机会试试，
女人很多时候也能成为男人，
——但这不能使她更好，
因为在任何深层的意义上，
女人的灵魂都更胜男人。

……

自然没有赐予我们性的至乐，
但也给了我们很多，总有一些快活：
要得太过精确，反而易出差错。
我们被撕成两半，须在黑暗中开拓。
带上我的爱吧，无论那黑暗是什么，
在迷失的森林里，我们仍将漂泊。

寻找爱

马修·彼尔德

我最近参加了一场婚礼，新郎讲述了自己和新娘近十年来的生活故事，说到他们有很多次都几乎要相见了但从没见成。有一次，身为澳大利亚人的丈夫在伦敦一家酒吧表演，未来的妻子就坐在观众席里。后来，他俩也有好多年没见。一连串的"失之交臂"、"差点"和"如果"，婚礼当天这段美妙而浪漫的故事将婚礼推向了高潮。

但是，如果没有交友软件，这一切就都不会发生。命运试图撮合他们，却总徒劳无功。还是某种算法精心策划出了他们的潜在伴侣，再加上彼此都对对方的照片和二十五字简介有了兴趣，才把一系列遗憾的错过变成了一段真挚的浪漫。

好多人可能想要争辩说，用约会软件才认识的事有点贬低了这对夫妇的爱情故事。尽管交友软件已经无处不在了，但围绕它产生的污名和道德恐慌却依然存在。此外，碰巧都"右滑"（交友软件里"右滑"表示喜欢对方）的恋人们，也有命运多舛的，只是故事没那么好听罢了。

但在全球新冠大流行期间，据可靠数据，约会软件的使用量有很大增加，这不是挺浪漫吗？尽管人与人之间被限制接触，但人们还是在寻求联系，某种程度上也说明了，人对联系和认可有着近乎普遍的渴望。正如哲学家马克·弗农谈及浪漫之爱时所言，我们似乎在几乎所有的时间和空间里，都存有一种无以抑制的需求，想要"了解对方也被对方了解"。

当然，接下来的问题是，是否真的有可能在交友软件上了解另一个人？即使这在理论上是可能的，但我们有可能这样做吗？法国哲学家阿兰·巴迪欧的说法是："不，这不可能。"巴迪欧在《爱的多重奏》中批评了一种他所认为的浪漫关系中的现代趋势，即对"脆弱"的否认。被人了解、被真真正正地了解我们是谁，会使我们变得脆弱。我们完全依赖于另一个人的接纳，把大部分的自尊和自重交给对方。被别人拒绝当作他们潜在的浪漫对象，也就是对我们自我的拒绝。相反，浪漫之爱则成了一种肯定，说明我们善良、有价值、讨人喜欢。

插画：艾达·诺瓦和卡洛斯·伊根

交友软件让人可以无风险地接受
和拒绝他人。

在巴迪欧眼中，当这种互相了解是以交友软件为中介来促成时，发生的事却有所不同。
我们是在一个安全距离外判断和打发对方的。大多数交友软件只有在双方都表达了对彼此
有兴趣后，才会允许两人聊天。最初的不确定性与那种对被拒的恐惧，在到来之前就已消
除。我们永远不会看到那无数对自己没兴趣而左滑的人。他们把我们当作不值得追求、不
值得了解的人，不假思索地离开。

此外，那些"的确"想了解我们的人也已经同意了，自己去了解的是个精心策划的版本。
我们在这些应用软件上展示一个"最优秀"的自己，很像我们在一系列其他社交场合所做
的那样。我们拔高自己一些地方，隐藏自己觉得丢人、尴尬的一些地方，或者那些自认为
最容易被人拒绝的地方（讽刺的是，也掩盖了最容易被人爱的部分）。

即使我们不这样做，所能选的也很有限。无论选哪个约会平台，它的设计都是预先设定好
了的，规定了哪些重要信息是对方需要知道的。年龄、外貌、业余爱好、性取向、养狗还
是养猫……我们可以勤奋有时甚至会如实地填写这些列表，但这些自我表述的参数却是由
那些硅谷办公室的设计师设定好的。

这些精心策划的自我经过算法处理后，呈现给我们，供人消费和评判。他们声称这是人们
的精简化身。它们正好充实到足够挑起我们的兴趣，也空洞到足以让我们叠加自己的期
待、欲望和需求。我们似乎很少单纯出于好奇而滑动屏幕。通常，右滑（表示有兴趣）是
自恋的，因为这个人可以让我们把自己想成为的人和期待过上的生活投射到他们身上。因
此，我们会右滑。

"你别右滑了，我就站在这儿。"

HERNE MAN 赫尼曼

这是一幅无情的图景，而且多少也是被选择过的。这凸显了人们对交友软件最大的恐惧，也反映出这些恐惧无可避免。此外，人们总假设浪漫关系的失败仅因为用了约会软件，当然，并非如此。所有这些失败在其他类型的爱情纠葛中也会出现，而且一定会出现。更重要的是，虽然年龄、性别和宠物偏好也许并不能完全代表双方的爱情契合度，但地域、阶层、受教育水平或其他很多人皆看重的随机条件也不能。

不过，约会软件独特的地方在于，它微妙地影响和塑造着我们处理恋爱的方式，可能把人推向恋爱中需要克服的那些有问题的倾向。交友软件让人可以无风险地接受和拒绝他人，鼓励我们带着自恋而非好奇去打量他人，并营造了一种氛围，使我们对另一个人的"人间蒸发"（ghosting，约会几次后就从其生活中消失）变得合乎逻辑——既然我们在安全的距离外相识，又为何不用同样的方式离开呢？

也许这里的核心区别在于，开始与另一个人接触时，我们接触到的是对方无肉身的隐形版本，轻巧得仿佛挥一挥衣袖就能打发走。我们很难记起自己还对他们负有基本的道德责任，不仅是对有可能与自己恋爱的人，也是对一个"人"的责任。面对面地接触时，我们会觉得要为对方承担某种义务。

我们与对方充分接触后，如果谈话间失去了兴趣或在几次糟糕的约会后想结束关系时，会意识到需要运用一些关怀和交际手腕。而在网络平台上，我们往往只把这种用心留给自己认为有恋爱可能的人。

说到这里，大多数对交友软件的批评所涉及的最核心关切，需要重新考虑考虑了。与其追问浪漫之爱怎么能在这些平台上发展（它显然能），我们不如问，其他形式的爱，如"仁爱"、尊重和对他人内心世界的基本认同等，是否也能在这些平台上生发？如果它们不能在这些平台上生发，那么由此产生的爱情就需要努力建立这些基本义务；但是如果能生发，那么，即便是拒绝了浪漫关系，也还能带有一丝尊严与人性。◼

爱依然存在。我不明白我们
为何要如此煎熬，我想
我总会明白的。

亨利·詹姆斯

《恋人》，1928年，勒内·马格里特

自恋流行病

○━━━━○

受访者 ｜ W. 基思·坎贝尔
采访者 ｜ 赞·博格

赞·博格：*我在《自恋流行病》平装版的序言中读到，您写这本书时推特还没问世。从当前环境，再到网络，谈论自恋很平常。不过，在社交媒体真正流行开之前您就在写这方面的文章了。您称自恋为一种"流行病"，这是新冠疫情背景下最热的一个词，您还把它与肥胖、与一般疾病做了比较。为什么您要将自恋视为一种"疾病"呢？您现在依然这样想吗？*

W. 基思·坎贝尔：我们将自恋与肥胖进行比较，只是试图从影响大小来比较一下这两个社会问题，而这正是提到肥胖的原因。而且，快餐和自恋之间也很可能存在着某些共同的社会因素。

您能定义一下自恋的特点和自恋的概念吗？还有自恋、自我中心和傲慢之间的区别？

自恋说起来有点棘手，因为有观点认为自恋是一种特质、一种人格特质，是人们用以处世的特有性格模式，只不过程度不同。事实上，要说特质的话，每个人都有一定程度的自恋倾向，作为研究者我们主要感兴趣的是两种形式的自恋。其中一种更浮夸些，它是权力意识和自我中心的结合，同时还有些外向性、驱动力和野心。这种自恋更倾向于方法导向，寻求感官刺激、关注和支配。这也是我们大多数人在谈论自恋的时候，常常谈起的那种。

第二种自恋，是防御性更强、脸皮更薄的自恋者，是更胆怯和更自卑的自恋者。你看，这类人会觉得，我并不真的喜欢自己，但别人应该多关注我的天赋，还有我太害怕了，不敢主动站出来说点什么。这种形式被称为"脆弱型自恋"，最终会出现在临床诊疗中。作为一种人格障碍，在临床医学和精神病学方面，自恋早在20世纪60年代就已被视为问题，而医生则将其诊断为人格障碍中的一种。

新哲人

网络是由自恋驱动的，而且自恋也
以奇怪的方式为网络买单。

自恋型人格障碍（NPD）的概念从提出到现在已经有50多年了。两种自恋一般是综合出现，因为来治疗的人总是有点脆弱，否则就不来治疗而是被关进监狱了。所以监狱研究见得更多的是精神变态者，而心理咨询室沙发上躺着的人则更多是脆弱型患者。至于说傲慢，算是自恋的一个特征或方面吧，可能会像是说"我觉得我比真正的我更好"。严格地说，可以称之为自我提升。自我中心则更复杂些，某种程度上它是一种自我关注，但自我关注也可以有不同种类。抑郁时你可以有自我关注，你总在反躬自省，总担心和考虑自己，这时人也有脆弱。也有更基于虚荣的自我中心，以及更艺术化的自我中心，好像自己有点被束缚——但你实际上没有这些很厉害的社会关系，这种自我中心会以不同的方式表现出来。

我想，随着社交媒体的出现，基于虚荣的自恋就更加凸显了。但我们都知道著名的纳西索斯神话，他拒绝了回声女神厄科的爱，临死前还爱着自己的倒影无法自拔。现在有了社交媒体，创造自我的多种"倒影"和爱上自己的形象变得空前容易。网络环境的发展与自恋行为的增加之间，是否有着什么联系呢？

是的。所以可以通过社交媒体从几个角度看。首先，从个人层面来看，个体自恋（这里我讲的是浮夸型）是如何在社交媒体上运作的？人们用社交媒体的方法和自恋者一样，目的都是博眼球、宣传自己。你知道其实我从20年前就看到这种现象了，优兔（You Tube）、苹果手机和聚友网……我的意思是，这一切的出现都不是偶然的。尤其是自拍，是非常自我中心的。

但网络的运作方式就是这样的，你把自己的形象放网上，得到正面强化，地位或影响力也提升了。网络真的就是为浮夸型自恋者设计的。我的意思是，想想有各种各样的网站，我们却从不讨论亚马逊这样的大网站。但自恋者在推特、脸书或照片墙这样的平台却玩得不亦乐乎。他们有了更大的关系网，就能做更多事了。因为情况变了，在网络层面，你我开始关注我们关注的人时，看到的自恋行为比网络本身存在的要多得多。自恋者高调表达，而其他人更倾向于沉默，然后你就会想"天哪，世界原来是这样的"。但不是，这只是社交媒体上20%的人发布内容的方式。

因此，网络是由自恋驱动的，而且自恋也以奇怪的方式为网络买单。我想知道，是谁在网上创作内容？基本上就是网络捕获了自恋的个体，然后他们被商业捕获，因为他们可以创建品牌带来利益。另一个问题是，社交媒体是否创造了更多自恋行为呢？当我们刚开始研究这个问题时，我真的是这样认为的，可惜没有足够精确的数据证明，但我的确是那样想的。但现在看起来，情况要更复杂。因为当有10%或20%的人在自我营销、发自己的半裸照时，另有20%的人会变得沮丧和焦虑，觉得自己不合群、落后于时代，因此情况是复杂的。因为这个复杂的动因，有些人的自恋需求得到了满足，他们感觉更好了，然后另一群人看着他们说"天哪，我好失败"，然后感觉更糟了。所以这确实有些复杂。我不认为科学已经搞清了这种现象，因为我们没能力真正做到这一点。这就是这个问题很难真正回答的地方。

我注意到一件事。人们在网上介绍自己时，似乎绝大多数都用名词而非形容词。所以，这是一个转变吗？人们不再描述我们信仰的"诚实""善良"等品质，而更愿意描述自己的成就或技能，像"我是获奖作家"或"我是大V"什么的。您注意到这点了吗？为什么21世纪的人喜欢像描述公司一样描述自己，就好像他们是自己的公关经纪人一样？

这问题有趣。以职业来标识个人是有历史过程的，它实在是一种很古老的传统。不列颠群岛的很多姓氏代表的是职业名称。你知道，像"卡特莱特"（车匠）和"乔伊纳"（细木工）这些名字都是某种工作的代名词。又或者，名字可以来自某种表情，比如"坎贝尔"在盖尔语中就是"撇嘴"或"歪嘴"。这有很长历史了。但是就身份认同而言，回顾历史，在20世纪20年代或30年代，人们更倾向于描述自己的某种道德品质，例如"我是个善良的人，为人很好，我果敢勇毅"。到了50~70年代，人们就更爱说"我很好相处、很善良、很有创造力、有趣"。我在研究生院做过许多这样的研究，让人们填写了无数问卷。从那时起，人们开始转向品牌建设。"我必须成为大咖，这样才能把自己打造成品牌。"于是人们开始像推销自己的公司一样推销自己。改变就这么发生了。如今学校里教的也是这一套："你得有自己的个人IP，得做自己的公司，在网上打造自己的品牌。"现在人们都这么做。具体来说，美国有大学体育比赛，而参赛都是不给钱的。但现在法律规定参加者有肖像权和冠名权。因此，虽然参赛没有报酬，但可以获得数百万美元的广告合同。你觉得运动员能从中学到什么道理？他们会说"知道吗？我要树立自己的品牌价值。拿钱来吧"。所以，"成为品牌"会有很大的经济压力。人人都想拥有的一项资产就是自己的个人品牌。我认为这是变化的一部分。

在硅谷，这是一种奇怪的"自我"收割行为，平台培养出自恋者，让他们创造内容。

这在家庭暴力中随处可见，自恋常常
就预示着家暴。

您之前也提到过，但我还是想问，社交媒体到底是一个给自恋者展示自我的绝佳平台，还是它创造了自恋者呢？

我认为社交媒体是一个强化自恋的平台。这可能没有直接回答你的问题，因为我旨在说明社交媒体对自恋的影响只是趋势性而非决定性的。但我认为社交媒体确实有助于建立并维持自恋者的自恋。我们曾做过有关浮夸型自恋的研究。自拍多容易啊！自拍大家都很喜欢啊！在网上分享多容易啊！所以社交媒体确实会助长自恋，但一些纵向的研究数据显示，人们似乎不是在用了社交媒体后其自我意识才突然膨胀的。这意思是，某个人本来就自恋，现在只是上了个台阶，而且是非常有效的一个台阶。他们发布内容，然后也借此被商业化，或者说，在帕洛阿尔托的扎克伯格才是收割他们自我的最终赢家。在硅谷，这是一种奇怪的"自我"收割行为，平台培养出自恋者，让他们（为平台）创造内容。

我想回顾一下，在写《自恋流行病》之前，受科伦拜中学枪击事件的启发，您和简一起做了一些关于自恋是否会导致群体攻击的研究。您认为自恋和暴力行为之间存在某种联系吗？自恋会导致对他人的憎恨吗？

当然。是这样。我在凯斯西储大学和简·特温格一起做博士后，与一个叫罗伊·鲍迈斯特的绝世天才在一间小的地下办公室共事。所有博士后都在那里。科伦拜事件发生后，简研究社会变革的相关课题，我则研究自恋。有一次，简·特温格读到一则故事，内容大致是："我想让斯皮尔伯格给我拍一部电影，我可以让人相信我背上长了一座山"，或类似的疯话吧。我们当时的反应是"哦天，这有点……这就是自恋"。于是我们决定开始研究自恋。事实似乎就是如此，无论是认为自己比客观上更好，还是不确定自己究竟有多牛，自我膨胀的人都有个很大的自我。但这种膨胀的自我中也蕴含着一些不稳定因素，或者说他们总感到处于某种威胁中。有地位威胁，比如"你没有自己说的那么酷"；或社交威胁，比如"我不想和你约会"；还有可能限制他们自由的威胁，类似"我说了算""你不能这么做"之类的。这些都会诱发暴力或侵犯行为。这在家庭暴力中随处可见，自恋常常就预示着家暴。

同样情况也能在其他大型枪击案中看到，包括校园枪击案在内。自恋是这些事件的触发原因，虽然不是唯一原因，但的确是原因之一。事实上，自恋和心理变态密切相关。如果观察囚犯，研究其自恋或精神异常行为就会发现，它们都与暴力犯罪有关。

W. 基思·坎贝尔

如果爱很难得到，人就会追求社会地位，就会鼓励自恋。现代社会不正是鼓励自恋吗？

在您的研究中提到，西方文化在本质上正变得越来越自恋。您能提供一些这方面的例子吗？您认为这种趋势还会持续下去吗？

这在美国相当普遍，亚洲也是如此。比如中国的数据表明，同样的趋势正在蔓延。旧的社会结构崩塌了，人们变得更加原子化与个体化。人与人间的信任开始瓦解，也逐渐更城市化。当你在信任度较低的环境中遇到原子化、城市化的个体时，你会发现获得奖励的净是些善于自我营销的骗子，因为他们能够走出去推销自己，获得成功，然后不断向上爬。

获得成功的方法不是做一个好人，不是在社群里做一个好人……因为世界不是这样运转的。在相关研究中，研究者发现自恋倾向与生育政策有关，与城市化和贫富差距也有关。如果我们仅仅把人当作自身的代理人，人生又何来更深刻的意义？"我得想办法显得酷一些。我是说，我要社会地位，我需要爱。"如果爱很难得到，人就会追求社会地位，就会鼓励自恋。现代社会不正是鼓励自恋吗？

这种自恋似乎在社会上相当普遍，有什么解决办法吗？是否可从现代养育方式中寻求解决之道？我知道，您在书中对现代育儿方式是颇有微词的。

我以前是这么认为的。解决这问题有很多挑战，因为旧有的一切似乎都在崩塌。我想，好吧，有点自大，但随后又回到现实。人似乎总在有点自负后又很快回到现实。写《自恋流行病》时，我们关注的是这种变化，以及美国孩子是在什么环境下长大的。没人教他们"和睦相处、善待他人"，因为社会没向他们传达这样的信息。

所有社交媒体都奖励自我提升，经济体制也鼓励冒险和自我提升。这就是美国的资本主义：借钱、负债、碰运气。人际关系在瓦解。没人非得结婚，没人非得有人际关系，没理由强迫自己加入某种团体。人与人间的信任消失了，甚至对军队的信任也在美国崩溃了。这是人们互相信任的关键，而它在过去六个月里崩溃了。

那是什么阻碍了这种信任呢？我不知道。我想现在可能有人正在建立小型的线下人际网络。人们会反抗这些原子化的趋势，但目前我还没有看到相关效果。

我很好奇，这是否又回到了育儿问题上。20世纪后半叶，父母的角色发生了重大转变，由过去的核心家庭抚养孩子，变成了由社会抚养孩子。过去，即使有一个更广泛的支持网络，孩子们也是由家庭，某种程度上是由双亲外的大家庭一起抚养长大的。而现在，电视、电影或更广泛的社会、（某种方式上的）公司，都在儿童的成长中扮演着重要角色。但可以肯定的是，总体来说整个社会对儿童成长发展的影响要比以前更大。现在一些孩子的成长主要受各种电子产品影响。因此，父母的影响变成了次要甚至第三位的。也许这就是问题的一部分。

我不知道在现代社会父母有多大的权力，除非他们真能把自家孩子与外界完全隔离。这正是挑战所在。我是说，孩子与世界是相连的。孩子一送到学校就会用手机，在学校做自己的事。这些家长都不能控制。因此，我的育儿建议是"做个好榜样，教孩子有同情心、热情并勇于承担责任"。这是最基本的反自恋原则。他们需要融入自然，承担自然的后果。如果冒着严寒走出去，不管自我说些什么，都可能会被冻坏。这让人变得谦卑敬畏，却提供了很多真正的自尊与自信，因为他们经历了，并成功克服了挑战，存活了下来。"是，我知道了自己的极限。天啊，我差点就死了。但是我真的有信心，我能做到。"

人们过去一直拥有的那种体验，现在已经不复存在了。还有很多这样的例子……安全文化只是其中的一部分。现在的孩子们不能冒险，他们不能被置于危险之中。我的意思是，所有这些东西对我来说都极具毁灭性。

我认为是的，您说得对。这在很大程度上是孩子的父母无法控制的。我知道您在十三四年前写《自恋流行病》时，对有时可能会培养出自恋者的养育方式持批评态度。但现在，父母在这件事上几乎都没有发言权了。

那时，孩子还没把所有时间都花在照片墙等社交媒体上，给孩子打气说他们很棒，还是一种真正激励孩子的方式。现在孩子都离不开网络。如果不把自己融入一个真正有组织的社会群体中，你就很难控制周围的社会环境。如果你有一个家庭，生活在一个城镇社区、信仰社区、学术社区或者其他什么地方，孩子们就会从你那里、从周围其他人的父母那里得到同样的价值观，这也就建立了一种网络。我认为，这是作为父母应该做的事情，让他们远离不良文化，给孩子们树立好的榜样。

我不知道在现代社会父母有多大的权力，除非他们真能把自家孩子与外界完全隔离。

"自我"有两种驱动力：一是我想知道我是谁；
二是我想让我自我感觉更好。

我们大多数人都听过德尔斐神庙的格言"认识你自己"，但没有多少人真正认识自己。也许爱自己要容易得多。自恋者能意识到自己的自恋吗？

这是很多关于"自我"问题的核心。这有两种驱动力：一是我想知道我是谁，并对此有准确认知，因为这有助于我驾驭世界；二是我想让自我感觉更好，这样我就会对自己撒一点小谎或冒点险，比如和某人约个会，或冒点风险。我们两种驱动力都有。于是冲突就出现了。

还有一个挑战是，建立"自己比别人优秀"的心理模型有很多方式，但我必须把其他人纳入其中。所以如果我自恋，我就不得不说"我肯定比你强"。我必须看起来比你更好，让你自愧不如，或在某种竞争中打败你。我必须和比你更优秀的人交往。我说"看，我的朋友比你的朋友强"。这就是自恋。研究表明，自恋的人往往被这些自我提升的担忧驱使，愿意为此承担更大的社会风险，愿意为了自我提升而牺牲一段关系。而对其他没那么自恋的人来说，人际关系是自我提升的缓冲，"我真的很想这样做，但我还有妻儿老小"。所以我认为这是问题所在。但我们最近的一些研究表明，自恋的人在某种程度上能意识到自己对他人造成的伤害，比如"是，我知道像混蛋一样对待他人是要承担后果的"。所以情况似乎不是"我只是喜欢我像混蛋的那部分"，而是"是，我希望我能满足自己所有的内在需求，也希望人们能认为我是个很棒的人。我不喜欢别人觉得我是混蛋，我不想做混蛋"。所以他们似乎确实能意识到一些自身的问题。在治疗中能看到，人们可能会意识到这一点，但还没强大到足以做出改变。因为自恋者并不是真想改变，他们觉得这样的生活还不错。

您曾经写过，选举政客时，我们是如何选出自恋者的。心理学家也倾向于招聘自恋者。出版商总会挑选粉丝最多的作者。此类例子不胜枚举。在西方社会与亚洲社会，这是在纵容自恋的滋生吗？这能改变吗？需要做些什么才能使社会不再奖励这类行为呢？

这发生在对主要角色的所有选择机制中。看看总统选举和电视真人秀，基本都是一样的过程。众所周知，政客和名人都很自恋。看看商业领袖，也如此。在同样的模式下，你总会选择更自恋的人，因为人若是自恋，就想要掌控力，而且看起来也更自信。

我认为挑战在于如何做出不同的选择，因为要消除自恋的负面影响。你要么需要一个真正强大的监管体系和公司体系，限制社会腐败和人们的互相利用，要么就需要一个强大的刑事司法体系。当然，强大的新闻体系也不可或缺。当自恋者说"我做了这个"时，记者会站出来说"我这里有真相"。

《一切都是虚空》，1892年，查尔斯·艾伦·吉尔伯特

如果能在精神上忍受世上一半人讨厌你，那你就有了提升社会地位的绝佳机会。

所以需要建立某种适当的制度以确保腐败分子无法逃脱惩罚。身居高位的人往往易走向腐败，这是他们选择的结果。同样道理，如果你是女生，走进一家酒吧，前五个来搭讪你的人会比酒吧里其他人都更自恋。虽然这五个人里，未必每一个都极为自恋，但这五个人的自恋平均值会高于酒吧里其他人的自恋平均值。那些想成为你上司的人也一样。对这一问题的洞见可以追溯到中国思想家老子那里：你应当选择最不想当领导的人（"无为"之"圣人"）来领导你。

这就是为什么新兴领导力和自恋有很密切的联系，因此必须引入一些现实原则来打破自我的膨胀。新闻媒体、法律体系和学术社区，人们需要这一切。而现在，所有这些问责的制度都被打破了。我们没了值得信赖的新闻系统，没了值得信赖的学术体系。人们没了彼此间的信任，也不相信任何体系。

这也意味着，人可以随心所欲地自恋，一半人会觉得你很棒，另一半人会讨厌你，而你成为一个两极分化的人物。但如果能在精神上忍受世上一半人讨厌你，那你就有了提升社会地位的绝佳机会，因为你只需要有足够突出、足够明显的个性，就能有一群傻瓜追随你。这就是这些社交平台的本质。

我一直认为共情是自恋的对立面。但根据您刚谈到的情况和举的例子，我想知道诚实和直言不讳是否可能是自恋的对立面？也许这是用来对付自恋的方法。

我认为这两者都有可能。这其实是我们面临的挑战，人总是试图用简单的二元对立来理解世界，认为世界不是紧密联系就是相对独立，人们不是自恋就是温暖待人等。他们认为只有一个衡量维度，不是爱自己就是爱别人。但事实并非如此，这是叔本华的模型。实际上世界是二维的，基本上可以用"阴阳"去理解它。有一维是这种支配，一维是爱，它们是不同的。直言不讳确实会在"支配"的轴上起作用。如果你碰巧比较谦虚，那我认为和谐共融、善良仁慈和有同理心会在"爱"的轴上起作用，会让你更偏向讨人喜欢的那一边。如果你是一个真正自信又有爱心的人，那就不会是坏人。可能你有点无趣，但人们通常会喜欢你。

如果一个人很刻薄并拒绝自我提升，那他就会变得反社会、不讨人喜欢而且心理变态。因此你可以自己混搭，但你内在驱力的对外交往部分仍是积极的。即使你有点儿坏心思，但无对抗性，那么你最终也会成为一个适应能力很强的人。**N**

恋人被所爱之物感动，正如感官被
所感知对象触动。双方结合
在一起，成为一体。

达·芬奇

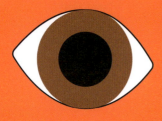
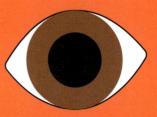

你自恋吗？

自恋型人格量表

作答指南：
这里有四十组陈述，在每一组中选择最
接近你感觉的选项。

1. A. 我具有影响他人的天赋。 ☐
   B. 我不擅长影响他人。 ☐

2. A. 谦虚了就不是我了。 ☐
   B. 我基本上是个谦虚的人。 ☐

3. A. 我几乎什么都敢做。 ☐
   B. 我是一个相当谨慎的人。 ☐

4. A. 别人夸我的话，我有时会感到尴尬。 ☐
   B. 我知道我很棒，因为每个人都这样跟我说。 ☐

5. A. 一想到要统治世界，我就吓得魂飞魄散。 ☐
   B. 如果我来统治世界，那么世界会变得更好。 ☐

6. A. 我一般都能说服自己对任何事都不必在意。 ☐
   B. 我尽量接受自己行为的后果。 ☐

7. A. 我更爱混入芸芸众生。 ☐
   B. 我想要成为人们注意的焦点。 ☐

8. A. 我将大获成功。 ☐
   B. 我不太在乎成功。 ☐

9. A. 我与大多数人相比不好不坏。 ☐
   B. 我认为我是一个很特别的人。 ☐

10. A. 我不确定自己能否成为很好的领导者。 ☐
    B. 我认为自己是很好的领导者。 ☐

11. A. 我是一个很自信的人。 ☐
    B. 我希望我能更自信。 ☐

12. A. 我希望在他人面前树立权威。 ☐
    B. 我不介意服从他人的命令。 ☐

13. A. 我认为操纵他人很容易。 ☐
    B. 我不喜欢操纵别人。 ☐

14. A. 我坚持认为我要获得应有的尊重。 ☐
    B. 我通常能得到我应得的尊重。 ☐

15. A. 我不太喜欢炫耀自己的身体。 ☐
    B. 我喜欢炫耀自己的身体。 ☐

16. A. 我可以像读书一样读懂别人。 ☐
    B. 人们有时候很难懂。 ☐

17. A. 如果我有能力，我愿意为我的选择负责。 ☐
    B. 我愿意为我的选择承担责任。 ☐

18. A. 我只想保持适度的开心。 ☐
    B. 我希望在世人眼中有所成就。 ☐

19. A. 我的身体没什么特别的。 ☐
    B. 我喜欢欣赏我的身体。 ☐

20. A. 我不喜欢炫耀。 ☐
    B. 我经常一有机会就炫耀自己。 ☐

21. A. 我总是知道自己在做什么。 ☐
    B. 有时我都不知道自己在做什么。 ☐

22. A. 我总是依赖别人做事。 ☐
    B. 我很少依赖别人做事。 ☐

23. A. 有时我会讲好听的故事。 ☐
    B. 每个人都喜欢听我讲故事。 ☐

24. A. 我希望能从别人那里获得好处。 ☐
    B. 我希望能为别人做点什么。 ☐

25. A. 除非我得到我应得的一切，否则我永远
       不会满足。 ☐
    B. 我常常会感到满足。 ☐

26. A. 被人赞美会使我感到尴尬。 ☐
    B. 我喜欢被赞美。 ☐

27. A. 我非常想要获得权力。 ☐
    B. 权力本身并不吸引我。 ☐

28. A. 我对潮流和时尚不感兴趣。 ☐
    B. 我喜欢掀起潮流和时尚。 ☐

29. A. 我喜欢照镜子。 ☐
    B. 我不是很喜欢照镜子。 ☐

30. A. 我很想成为众人的焦点。 ☐
    B. 成为众人的焦点会让我感到不适。 ☐

31. A. 我可以随心所欲地生活。 ☐
    B. 人们不能总是随心所欲地生活。 ☐

32. A. 成为权威对我来说不重要。 ☐
    B. 人们总是认为我很权威。 ☐

33. A. 我想成为一个领导者。 ☐
    B. 成为一个领导者对我来说不重要。 ☐

34. A. 我会成为一个伟大的人。 ☐
    B. 我希望我能获得成功。 ☐

35. A. 有时人们会相信我说的话。 ☐
    B. 我能让任何人相信我说的任何事。 ☐

36. A. 我是天生的领导者。 ☐
    B. 领导力是一种需要花很长时间去培养的能力。 ☐

37. A. 我希望有一天有人能为我立传。 ☐
    B. 我不希望人们以任何理由来窥探我的生活。 ☐

38. A. 如果在公共场合人们没有注意到我，我会很
       沮丧。 ☐
    B. 我不介意在公众场合混在人群中。 ☐

39. A. 我比其他人更有能力。 ☐
    B. 我能从其他人身上学到很多。 ☐

40. A. 我和其他人差不多。 ☐
    B. 我是一个卓尔不群的人。 ☐

评分：

如果以下问题你的回答是A，就给自己加一分：

1、2、3、6、8、11、12、13、14、16、21、24、25、27、29、30、31、33、34、36、37、38、39

如果以下问题你的回答是B，就给自己加一分：

4、5、7、9、10、15、17、18、19、20、22、23、26、28、32、35、40

总分： ____

你的总分应该介于0到40之间。得分30分以上意味着你可能有自恋倾向。

回声女神

奥维德

与

纳西索斯

《水源头的纳西索斯》，1597-1599年，卡拉瓦乔

忒瑞西阿斯在爱奥尼亚的所有城市都很有名，总能给前来请教他的人以完美的回答。水仙女——黝黑的莱里奥普第一个验证了他预言的真实准确。有一天，她被河神刻菲索斯紧紧抱进他蜿蜒的溪流中，被强行带入波涛之中。这位美丽动人的仙女在足月时生下一个孩子，其名为纳西索斯。即使他尚在襁褓中，也为众人所爱。有人问这孩子是否会长生直至寿终。有远见的先知回答："只要他没有发现自己。"

很长一段时间过去，先知的预言似乎落了空。但是事实最终证明他没有错：关于这孩子的结局、死因以及那份无法解释的奇怪行为，都一一应验。这一年，这位刻菲索斯的儿子已经年满十六，他看起来既像孩童又像青年。许多少年男女都追求他。但在他精致娇小的形体中，有着强烈的骄傲之心，没有一个少年和少女能让他心动。有一天，回声女神厄科看见纳西索斯正把受惊的鹿赶进网里。回声女神发出了回声，因为别人说话时，她不能保持沉默，她自己也不能主动说话。

朱诺是如何让回声女神无法说话的

彼时回声女神还拥有身躯，而不像现在只剩声音。那时她虽然唠唠叨叨，但不是现在这样的说话方式。她能把一段话的最后几个字重复一遍。是朱诺把她变成了那样。朱诺本可以在山坡上抓到朱庇特身下偷情的仙女，回声女神却一直有意无意拉着她长谈，仙女得以趁机逃走了。朱诺发现后说："我会让你无法控制你的舌头，让它无法再迷惑欺骗我，你说的话将是世间最短的。"而后她兑现了这威胁。如今，回声女神只能重复别人所说的话的末尾，并将听到的话返给自己。

现在，当回声女神看到纳西索斯在遥远的田野里游荡，她心头的爱火被点燃了。她偷偷跟在他后面，越跟越近，心就像火把顶端易燃的硫黄，靠近火焰就会着火。啊，她多少次想用甜言蜜语接近他，用温柔的恳求呼唤他！虽然这违背她的天性，她也没法开口说话，但她已做好准备去做可以借助大自然力量的事，一旦有声音出现，她就能用语言来回应。

一个偶然的机会，纳西索斯和他忠实的追随者分开了，他喊道："有人在这里吗？""在这里。"回声女神说道。他很吃惊，四处看了看，大声喊道："到我这里来！"她随着呼唤也对他喊道："到我这里来！"他回头看看，没人出现在他后面，便问："你为什么要从我面前逃走？"一个不同的声音重复道："你为什么要从我面前逃走？"他静静站在原地不动，被那相似的语言迷惑，回答："在这里，让我们见一面吧。"回声女神从未如此欣喜地应答过别的声音，她答道："见一面吧。"说着，为了配合自己说的话，她从树林里走出来，双臂搂着他的脖子，满怀渴望。他却从她身边跑开，边跑边喊："放手！我宁愿死，也不愿我的就是你的。"她只回答说："愿我的就是你的！"

纳西索斯弃她而去，回声女神被人蔑视，整日在树林里游荡，羞愧地把脸藏在树叶中，孤身住在山洞里。虽因被拒绝而伤心欲绝，但她的爱却历久弥新。无眠的思念消磨尽她悲伤的身躯，最终，她的身体消失在空气中，只剩下骨头和声音。她的声音还能被听到，而骨头据说已变成了石头的形状。她躲在树林里，不再被山丘上的人看见，但每个人都能听到她的声音。声音住在她的身体里。

纳西索斯看见了自己，并坠入爱河

就像蔑视回声女神一样，纳西索斯也蔑视其他河仙，还有年轻的同伴。这时一个被他嘲笑过的人举起双手向天祈愿："愿他自己也这样爱而不得，愿他不能指挥他所爱的！"拉姆诺斯的复仇女神涅墨西斯，刚好听到了这个合理正义的请求。

山间有一汪清泉，泉水如银光闪闪，牧羊人、山上吃草的山羊和其他羊群都碰不到它，任何动物和鸟类都碰不到它，甚至连从树上掉下的树枝也碰不到。泉的周围长满了草，靠附近的水气滋养，旁边还有一片树林，在太阳下形成了一处荫蔽。男孩为炎热和奔逐的热情所累，在此处躺了下来，逐渐被这泓清泉的外观和水流所吸引。当他想要喝水解渴时，另一种不同的渴望也随之产生。一低头，他就被自己的倒影所震撼并吸引。他往常做的梦往往都没有形体，从前他认为身体只是一个影子。此时，他被自己的倒影惊吓住，一动不动地待在那里，表情木讷，像一尊用帕罗斯大理石雕刻的雕像。

他俯伏在地面，凝视着水里两处星辰。一处是他的眼睛，另一处是他那可与酒神巴克斯和太阳神阿波罗媲美的头发。他看着水中年轻的双颊、象牙般乳白的脖颈、美丽的脸庞和在胜雪肤色中晕染着玫瑰气韵的脸蛋。他欣赏到的正是自己所仰慕的一切。不知不觉中他开始渴慕自己，赞美自己，也同时被自己赞美；追求自己，同时也被自己追求。就这样，他被爱火焚心，又被爱灼伤。多少次，他徒劳地把嘴唇伸向那汪骗人的清泉，想要亲吻自己水中的倒影，却又吻不到。多少次，他想抱住从水中看到的脖颈，双臂伸进水里，却又无法将自己揽入怀中！他理解不了自己所见到的，却又为之癫狂，同样的错误既诱惑着又欺骗了他的眼睛。

傻瓜，为何徒劳地捕捉转瞬即逝的倒影？你所寻找的无处可寻，转身离去，你所爱的也就不复存在！你所感知到的只是映出的倒影，而不是你本身。它随你而来，与你同在，又随你而去，如果你能离去！

《回声女神厄科与纳西索斯》，1903年，约翰·威廉·沃特豪斯

纳西索斯哀叹单相思的痛苦

谷神星赐予的面包也好、休息也好，都不能吸引他。纳西索斯躺在树荫下的草地上，用不满足的目光凝视着那个虚假的影像，迷失在自己的视野中。他把身子稍稍抬高一点，向树林伸出双臂，问道："还有谁比我爱得更残酷？你一定知道，因为你曾经是很多人的藏身之处。你还记得在你生命中的多少岁月里，有谁像我这样憔悴？我陷入了痴迷，我看到，但无法触摸到我所见的，无法得到我所陶醉的。"这个情人的错误如此之深。"更令我痛苦的是，把我们隔开的不是宽阔的大海，不是长长的道路，不是巍峨的高山，也不是上锁的城墙。"

"我们之间只隔着一点水！"每当我将嘴唇靠向那片清澈的液体，他也会试图将嘴唇向我凑近。他也渴望被拥抱。哪怕是你，也会觉得自己可以触碰到他！就是这么微小之物阻碍了我们的爱。我的爱人，不管你是谁，快出来到我身边！为什么让我失望，你这个非凡的男孩？当我伸出手去探你时，你消失去了哪里？我的外貌和年龄肯定不会为你所避，仙女也都爱我！你友好的目光给了我某种未知的希望。我向你伸出双臂时，你也向我伸出双臂。我对你微笑时，你也对我回以微笑。我哭泣的时候，也能看到你的眼泪。我点头时你回应我的点头。我跟你说话，也能看到你可爱的嘴角在嗫嚅，但我猜你对我回答的话语，是我从未听到的！

"我就是他。我能感觉到这点，我没有被我自己的形象欺骗。我对自己的爱熊熊燃烧。我追逐着，承受着爱火炙烤。我该怎么办呢？追求和被追求应当不是解决之道。为什么我要去追求爱？我本身就是自己想要的一切。我拥有的使我更匮乏。哦，我希望自己能离开自己的身体！这对爱人的祈祷可能听上去很奇怪，但我希望我的爱人跟我保持距离。现在忧伤已经夺去了我的气力，我还年轻美丽，但已命不久矣。死亡对我来说也并不痛苦，至少在死亡中我能放下悲伤。我希望我的爱人能活下去，但现在我们要为结合共同赴死，精神合二为一。"

纳西索斯变成了一朵花

说罢，他又疯狂地回到原来的倒影前。眼泪搅动了湖水，倒影渐渐模糊。看到它消失了，他不由得喊道："你要飞到哪去？留下，残忍的人，别抛弃一个爱你的人！哪怕触不到，至少让我看看你也好，也聊以慰藉我那悲惨的爱！"他哭泣着，眼泪滴到衣裳上，大理石般的手锤打着赤裸的胸膛。很快，胸口就被击得涨红，像半红半白的苹果，又像串串未熟的葡萄，着染着深浅不一的紫色。

他看到，在逐渐消失的波浪中，一切被一五一十地映出来。忍耐终于到了极限，就像黄蜡融化在烛光里、晨霜消散在阳光下一样，他被爱削弱融化，被心中隐藏的火焰一点点尽数消磨。他不再有白里透红的肤色，不再有生命和力量，不再有悦目的外表，也不再有回声女神所爱的身体。然而，回声女神看到这一切，尽管又生气又回忆起痛苦的往昔，还是怜悯他。每当这可怜的孩子说"唉！"她就用回声重复着"唉！"在山谷中回荡。他用手拍打自己的肩膀，她也会发出同样痛苦的声音回报他的苦痛。纳西索斯望着熟悉的清泉，最后说："唉，白费力气，我心爱的男孩！"他说的每个字都在回响。他说："再见！"回声也说："再见！"

他将疲倦的头颅置于绿草之上，死神闭上了那双曾为其主人美貌所惊叹的眼睛。

甚至被接进冥界时，纳西索斯还凝视着冥河的河水。他的水仙女姐妹都哀叹着，为兄弟披散了头发，树精也为他惋惜。回声女神重复着他们的悲叹。现在，他们准备了葬礼的火堆、颤抖燃烧着的火把和灵柩，却没有看到他的尸体。他们发现，留在世间的，唯有一朵花，而不是他的尸体。白色的花瓣，围绕着一颗黄色的心。**N**

（摘自奥维德的《变形记》（第三卷），安东尼·S.克莱恩翻译。）

作为礼物经济的爱

凯莉·詹金斯

强制性的一夫一妻制，在本质上就是资本主义父权制的交配制度，这对我们来说已经不是新鲜事儿了。弗里德里希·恩格斯和伯特兰·罗素都论证过，经济学与我们安排亲密关系的方式之间有着某种联系，包括我在内的许多人也都受此影响。

在父权制下，私有财产的继承要求男性必须确定子女的亲生身份。这反过来意味着，女性的性行为以及她们所关心、爱和关注的事物，都必须受到严密的监视和控制。根据这种规定，不难想到女性本身最终会成为男性的私有财产，就像黄金、食物或土地一样。然而，后起的社会政治运动，拒绝了女性可以被视作男性私有财产的观念。最终，强制性的一夫一妻制开始使两性间的关系更为对等。至少原则上，男人也会被要求避免发生婚外性关系和其他桃色事件。但我认为，一个深层次的概念问题仍然存在。那就是，对男性施加类似的控制（且迄今为止，程度上也从未真正达到过对等），可能也会被认为是对他们的一种削权。

生态学家罗宾·沃尔·基默尔在2020年的论文《唐棣》中，讨论了一些印第安社会中实践的替代资本主义的经济模式。主要围绕"礼物经济"展开论述：

礼物经济是市场经济前的一种选择……在礼物经济中，财富被理解为有足够的东西可以分享，而处理这部分富余的做法是送给别人。事实上，决定地位的不是积累了多少，而是给予他人多少。礼物经济中用的货币是关系，它表现为感激之情、相互依存和持续循环的互利互惠。礼物经济培育社群纽带，增进共同福祉。这里的经济单位是"我们"而非"我"，因为一切繁荣都是相互的。

接着，她解释了资本主义是如何鼓励囤积甚至破坏销毁本可作为礼物赠送的东西的。例如为了维持需求，过剩的粮食将被私人储存甚至销毁，而非赠予邻居。即使是水这种"来自地球的免费馈赠，也会被不知名的公司盗用，装在塑料瓶子里出售"。基默尔讲了一个雨林狩猎采集者的故事，当问及如何储存最近一次狩猎中多余的猎物时，他答道"我把肉存在兄弟们的肚子里"，然后大摆了一场宴席。

在学术领域，此种写作模式有时会因使自然浪漫化而遭到批评，批评者还认为它们替换了主导事物"存在"的模式。至少从20世纪60年代开始这种批评就很常见了。当时，蕾切尔·卡森的《寂静的春天》以同样令人回味的（也同样聪明的）方式，强调了自然的诗意和美丽。但是，她的写作方式除了考虑准确性，还有策略方面的原因。因为只有用美丽动人的语言来表达事物的美，人们才会认真倾听。

基默尔的文章不仅让我重新评估了自己对经济学的理解，还促使我思考，如果从礼物经济而非资本主义经济的角度来解释爱情，会发生什么呢。我很好奇，这种另类的经济概念如何应用于人类生活的领域，这也给我带来哲学上的困扰。

我对目前关于浪漫爱情的主流解读感到困惑，其中一个深层原因是，在父权制资本主义社会，男性个体总是会控制或者说试图私下占有女性的爱、关注和性。传统的异性恋婚姻就是包装这些东西的容器。我可能会说，这就好比被包裹在塑料瓶里的水一样。此外，女性本身，尤其是其中被认为最有魅力的女性，则成了某种终极占有物、某种地位的象征，成了男性激烈竞争的焦点。

这可能会给各方带来致命的后果：如果男性无法通过吸引合适的伴侣来获得足够的地位，可能就会选择自杀，甚至会大开杀戒。哲学家凯特·曼恩生动地解释了"一个男人的社会地位源于其吸引性感女人的能力"这一观点，是如何导致厌女和致命的暴力行为。就像埃利奥特·罗杰，因为无法摆脱童子身就开枪杀人一样，而且尤其会故意瞄准那些自己觉得最有魅力的女人。曼恩还认为，男性会倾向于认为自己有权拥有女性的关心和关注，这种权力感造成并维持了深刻而普遍的社会不平等。

礼物，顾名思义，是免费赠予的东西。没有人天生就被赋予收礼的资格。如果没有"婚姻市场"呢？如果说爱，即使"浪漫之爱"也可以被理解成一种礼物，可以自由送给任何人，又会怎么样呢？如果爱情经济中的成功不是赢得珍贵的伴侣，也不是为自己获取一个长期的、私人爱情来源，而只是为了感恩、相互依赖和维持互惠的关系，而给予另一个人爱、关心、感情和关注，又会怎么样呢？

当不可能怀孕的时候，就说所有的性行为在
生物学上都毫无意义。

当然，如此制度之下选择一夫一妻制并没有错，就像一个人把自己所有剩余的物资都给
另一个人也没有错一样。但我深感，在只允许一夫一妻制的社会推行爱情经济是有问题
的。在这种制度下，这种经济商品被人为制造出稀缺性，人与人会按照性别的界限直接
竞争。在爱情经济中，我们会更多考虑占有对方，而非奉献自己。

生物遗传不是私有财产，而是基因的遗传。顺带一提，我所研究的也主要是考虑个体基
因以及基因由父母传给孩子的课题。如果生物遗传被认为是人类进化的主要方式（或一
般情况下的方式），那就太过简单了。同样过于简单的看法是，当不可能怀孕的时候，
就说所有的性行为在生物学上都毫无意义。这就好比说人类没有利用性行为来建立和维
持关系、培育彼此的幸福以及满足其他各种需求一样。基默尔将进化生物学家大卫·斯
隆·威尔逊的观点归结为，"只有我们将进化的单位视为个体时，竞争才有意义"。实
际上，我们是在一起生活的过程中共同进化的。我没有孩子，但我不认为我的生活因此
在进化上就毫无意义。我很想说，我把希望寄托在我兄弟的孩子身上。也许这听起来有
点诗意，但我并不介意。

我希望可以推动对爱情理论的理解，推翻我所继承的异性恋规范、父权制和资本主义的
爱。我所说的"幸福的"（或"积极友善的"）爱，与伴随个人主义和占有欲的浪漫主
义意识形态正相对。要理解这样的爱，就必须承认人与人之间的相互联系所带来的深刻
而巨大的影响。

这个想法深深印在我脑海中，我们与其在竞争激烈的市场中囤积和交易爱，不如通过赠
予爱来更好地培养我们的相互联系。**N**

惧怕爱就是惧怕生活，惧怕
生活的人已经有四分之三
部分死了。

伯特兰·罗素

摄影：罗伯特·印第安纳，《爱（蓝绿）》，1996年

爱
Love

名词

1. 浓烈的深刻感情；

2. 对某人深深的浪漫或性依恋；

3. 代表自己向某人转达的深情问候；

4. 情书收尾的一种套语；

5. 爱情的人格化形象，通常表现为爱神丘比特；

6. 对某事物的强烈兴趣和愉悦；

7. 所爱的人或事物；

8. （英式英语、非正式用法）友好的致意方式；

9. （在网球、曲棍球和其他某些运动中）得到零分、没有得分。

动词

1. 感受到了（对某人的）深刻感情；

2. 感受到了（对某人的）深深的浪漫或性依恋；

3. 非常喜爱或享受。

起源

古英语"*lufu*"（名词），源自日耳曼语；来源于印欧语词根，与梵语"*lubhyati*"（第三人称的渴望、意欲）、拉丁语"*libet*"（令人愉悦）、"*libido*"（欲求），以及"*leave*"和"*lief*"同源。

来源：《牛津英语词典》

插画：艾达·诺瓦和卡洛斯·伊根

爱在心物相遇时

○━━━○

安德烈·陶

瓦尔特·本雅明说过："我们看到的是一连串事件的出现，而历史天使看到的却只是一场灾难。它不停将瓦砾堆叠于瓦砾之上，然后扔到他的脚下。"这位犹太裔德国哲学家，虽然凭着对于艺术与历史的隐晦表述而名满天下，却没有过上安稳的生活。从13岁被送到乡下的寄宿学校起，本雅明就开始四处漂泊，无论是求学、求职，还是躲避纳粹的迫害，从未久驻于同一个地方。尽管到处奔波，而且自己还是马克思主义的领军知识分子，他却没有不带辎重地旅行过。与此相反，本雅明的马克思主义观点并不妨碍他留恋（某些）商品。其中最出名的是艺术家保罗·克利的一幅画（在本雅明最知名的历史论文中，灵感就来源于此画中的天使），还有一个庞大的私人图书馆。无论走到哪里，本雅明都会随身携带这些东西。因此在1931年与妻子分居后，他发现搬好的新公寓里四处都是灰尘累累的包装箱，里面装着自己珍贵的藏书，在当时大约已有2000卷。

在短文"拆箱我的图书馆"中，本雅明忆起当时的情景，为自己嗜书的习惯做了有力辩护。他并不列举这些藏书的经济价值，尽管书房里确实藏着些哲学家穷死也要花最后一分钱拿下的珍本；他也没有称赞这些书在自己的作家职业上提供了什么帮助。因为正如本雅明所写，收藏者与所藏之物的关系，并非在于它们的"功能性和功利性价值"，而在于"将它们作为自身命运的场景、形状来研究和爱"。

在本雅明看来，用更平实的话来说，物的命运就是其自身的历史、物理属性、曾持有或正拥有它的人的回忆。一句话，就是所有这些使此物"成其所是"的属性。本雅明认为，真正的收藏者会因为这种"命运"而珍视甚至热爱此物。就书籍而言，收藏者会因为某本书曾为某位喜爱的作家所拥有，或因为其装订方式和手感，或因为其内容唤起了某段重要的记忆等等，而为其所吸引。因此很美妙的是，物的爱好者，既不爱自身之外的东西（即客观的东西），也不爱自身之内的东西（即主观的东西）。相反，收藏者爱上的是客观与主观"之间"的相遇。正如本雅明所说："复制品最重要的命运，就是与收藏者相遇，与其自身的收藏品相遇。"

真正的爱物之人并不是在消费物，也不会因
为物对别人有象征意义才去珍视它。

卡尔·马克思告诫人不要迷信商品——本质上就是要忘记生产拥有物时付出的人类劳动。
本雅明则开启了一条截然不同的关于"所有权"的思考路径，并非颠覆而是一条潜在的更
健康的路径。实际上，他一直坚持所有权是"人与物之间最亲密的关系"。不是因为物到
了收藏者手里才有了生命，而是因为收藏者"生活在物中"。换句话说，本雅明承认，收
藏物的行为并非放纵或轻浮，而是美好生活的必要条件。

这是否意味着，我们如今无节制地消费文化就合理呢？也不尽然。因为本雅明对"所有
权"有着相当具体的理解，而这可能并不包括对电视或车的求大或求新。对他来说，通
过"收藏"来获得所有权这件事，具有一种孩童般的魔力。无论对于儿童还是收藏者来
说，获得新的东西都是一种"存在意义上的更新"。儿童在现实中有更多方式来完成这种
更新，比如给物品涂色、剪裁它、贴上贴纸、命名甚至触摸它，而这些很大程度上都是成
人所不具备的。这些都是儿童能够让旧世界焕然一新的方式，同时也让这个世界或其中的
某一小处属于了他们（儿童自己）。

如果这听起来还有点过于郑重其事，比如我家的两岁孩子把贴纸贴了一桌子，这真的就是
在更新世界吗？本雅明关于儿童与物品关系的论述，也可以在儿童心理学中发现，而这
一点对人很有启发。例如，唐纳德·W.温尼科特这位颇有影响的英国儿科医生和精神分
析学家，就开创了一种"够好（就行）"的养育观念，同时也向我们介绍了一个"过渡
物"的概念。温尼科特认为，这些物（如毯子或者毛绒玩具）的重要性在于，它们是婴儿
的第一件"非我"之物。也就是说，"过渡物"不是一个内在的心理概念，也不完全在
婴儿的"魔法"控制范围内。在温尼科特看来，这就将毯子或毛绒玩具与母亲的乳房（或
奶瓶）区分开来，因为年幼的婴儿并不能将后者与自己区分开来。如果是乳房或奶瓶，
婴儿就会产生一种错觉，以为食物的来源是在自己的全能控制之下。他感觉到了一种需要
（如果母亲或主要照护者做得"够好"，也就是说，能以正常的方式对婴儿尽心尽力），
且这种需要能得到满足，就好像是在婴儿的"魔法"指令之下。换句话说，如果照护者对
婴儿的需求满足"够好"，那么他们提供的东西就会和婴儿创造的东西重叠，从而产生一
种错觉，仿佛外部世界与婴儿的创造能力是相呼应的。

"你把那只狗都惯坏了。"

当然，这种幻觉并不能维持长久。婴儿很快就会发现，"非我"的世界无法用自己的"魔法"操纵。其实，温尼科特坚持认为，幻觉的破灭是"够好（就行）"养育方式的重要组成部分。就像一开始为幻觉提供便利一样，随着照护者不再完全地满足婴儿的需要，婴儿学到了关于现实本质的重要一课。但他们也会体验到一系列强烈的情绪，这时"过渡物"就变得非常重要，它可以控制婴儿的沮丧、恐惧和愤怒。在婴儿身边待过一段时间的人都会发现，婴儿会用毯子或毛绒兔子来安抚自己。

问题是，为什么小小一块布料却如此抚慰人心？温尼科特认为，答案就在于"过渡物"这一中介性观念。婴儿的毯子或毛绒兔子就像本雅明的收藏品，既非自身一部分，也非完全在其外。相反，它们之所以是过渡的，是因为其在婴儿内外之间移动。物在这种移动中，为婴儿开启了一个与现实本身玩耍的空间。因为毛绒兔子既真实又不真实，毯子既完全在婴儿掌控中又出于其所能掌控，自有其客观存在。物让人既爱又恨。最重要的是，过渡物所处的幻想空间，不会受到成人质疑。谁也不会问婴儿，这个想法是你自己想出来的还是别人告诉你的？婴儿获得对物的权利时，成人也默认这种获得。除了婴儿自己，谁也不能改变他们的物。所以，洗了毯子的照护者有麻烦了！用本雅明的话说，婴儿是在"更新"其幻想世界。

本雅明比温尼科特早二十多年提出的伟大见解是，成人也需要这样的幻想空间。温尼科特认为，我们每个人都生活在"内在与外在现实"的斗争中。与婴儿一样，这种挣扎的解脱可以在不受质疑的幻想中间地带找到。他给成年人举出的例子有艺术和宗教。在正常的成长过程中，毯子和毛绒玩具等物品会失去魔力。但正如本雅明提醒我们的那样，成年人仍有可能通过物来更新世界。

不过，消费与收藏并不是一回事儿。用满满一书架的书来表示精致和智慧的那种炫耀性消费，尤其不适合用来"更新"。因为真正的爱物之人并不是在消费物，也不会因为物对别人有象征意义才去珍视它。热爱物，就是关注此物的命运。通过购买的行为，物的命运与爱物者自身的人生道路交织在一起。**N**

新南威尔士州悉尼的部落黑人在举行歌舞会

如果你来这里是为了帮助我，那你是在浪费时间。但如果你来，是因为你的解放与我的解放休戚相关，那我们就一起努力吧！

莉拉·沃森

（澳大利亚教育家、原住民人权活动家、艺术家）

插图：悉尼的部落举行歌舞会，约19世纪90年代，汤米·麦克雷

插画：艾达·诺瓦和卡洛斯·伊根

爱与婚姻

○━━━○

玛丽娜·本杰明

1913年7月21日，弗朗茨·卡夫卡在日记里列出结婚的利弊。当时他无可救药地爱着菲利斯·鲍尔，并因为自己的未来陷入存在性的痛苦中。最终，卡夫卡写了约500封情书给鲍尔，时间跨越了五年，其间两人两次订婚，却终未成婚。日记里列了七条让他左右为难的"理由"，第一条就是"无法忍受孤独的生活"。

他的自知之明也许比情书中表现得更明显。卡夫卡坦言："我没有能力独自承受自己的生活、自己的要求、时间和衰老的侵袭……"然而，他紧接着又说："我必须经常独处，我的成就（写作）只是孤独的结果。"继续往下看，你会觉得卡夫卡其实不是一个能结婚的人。"我讨厌一切与文学无关的东西，谈话烦得要死（就算是与文学相关的谈话），拜访别人也烦得要死，亲戚的悲欢离合更让我烦到骨子里。"

比起厌烦，让他更加逃离婚姻的是失去界限的威胁感，是"对关系的恐惧，对进入另一个世界的恐惧"。因为这样就再也不会孤独了，而卡夫卡经常承认的对崩解的恐惧也最终会成真。

与现实生活中的爱相比，卡夫卡显然更喜欢书信中的爱情。尽管从布拉格到柏林（鲍尔生活和工作之地）很方便，但在两次约会之间他只与鲍尔见过几次。他对鲍尔的爱归根结底是一种文学之爱，是由一沓信件和文字堆砌的云端虚幻之爱。

最终，卡夫卡只能通过文字与他人分享自己的内心世界，因为他怕任何真正的浪漫结合都会导致自我的暴露和丧失。

我们或许可以将长期相熟产生的低调日常爱情，
与迷狂的一见钟情相较来看。

在个人主义盛行的时代，卡夫卡对自我侵蚀的恐惧，与我们对婚姻中个体身份归属的担忧不谋而合。就好像，尽管我们用心良苦，但这种结合带来的独特二元性，注定会蜕变为模糊的单一性。就像变形虫的合并，浆状混合物会形成一个单细胞实体。同一了，不知何故也畸形了。也许这就是为什么很多年轻人更喜欢"短信调情"这种新书信体的虚拟浪漫，而没那么喜欢右滑同意后的面对面谈情说爱。

然而，许多人在婚姻中害怕的不仅是暴露、合并甚至是毁灭的压迫，而且是爱情本身的终结。具体来说，那种激情澎湃、不顾一切和疯狂的爱，往往被视为情感体验的顶峰。这种爱能经受住婚姻的经久考验吗？也许不行吧，就算是那种俗话里说的"没经历过就白活了"的爱也不能经受住。

柏拉图将这种疯狂的爱比作奴役。他描绘道，相思成灾的阿尔喀比亚德咆哮着醉倒在苏格拉底怀中，几近癫狂。《会饮篇》中，阿尔喀比亚德唱着，他的心在胸中跳动，泪水刺痛脸颊，因为爱已驱走了他心中所有理智。

笼罩在理想化的爱情对象之下，阿尔喀比亚德感到被削弱了、卑微了，并笃信自己将永远无法胜任，也永远得不到爱的回报。他"不知道该做什么，没有人生目标"，抱怨说，没有人"知道奴隶制的真正意义"(这里充分体现了卡夫卡的恐惧，没了分离感，也没了界限和自尊)。柏拉图的意思是，让我们把疯狂的爱理解为一种痛苦。

这与从基督教马龙派信徒转为苏菲神秘主义者的纪伯伦所描述的理想爱情相比，简直是天差地别。纪伯伦在《先知》一书中给希望在婚姻中长久的人提了建议。"在相伴中留下空间，"他写道，"彼此相爱，但别以爱为纽带……献出你们的心，但别把心交给对方。"纪伯伦的情感出奇地现代化。他建议"站在一起，但别靠得太近"，就像圣殿的柱子分开矗立一样。似乎在说，爱在神圣的同时，也应尊重距离。

婚姻这种制度在很多方面都已经奄奄一息。正如无政府主义政治哲学家威廉·戈德温不厌其烦指出的，当社会进步需要变革时，婚姻却仍维持现状。更重要的是，婚姻使女性处于父权制统治之下，并边缘化任何不遵守婚姻戒律的人，比如同性恋者、独行者、"老处女"或独身主义者等。不过我对于作为制度的婚姻并不太感兴趣，而是对婚姻的"内燃机"更感兴趣。两人要不断注入燃料以维持结合，这内燃机是否足以让爱情的火焰持续燃烧？

我们也许可以将长期相熟产生的低调日常爱情，与迷狂的一见钟情（主要是化学驱动）相较来看。前者这样的爱不会疯狂地陷入浪漫，而会在相互欣赏和配合的旋律中悄然迸发。它不像烟花，而更像一盏时明时暗却永不熄灭的引航灯。

我的婚姻已经走过了二十多年，也经历了不少波折迂回。久而久之，重要的却是那些考虑不到的事。我们作息规律是否相似？因为如果你是夜猫子，那晨起的人会让你烦死。我们对金钱的态度是否相同？（因为我永远无法和花干自己全部薪水的人一起生活。）我们对育儿、旅行、赡养父母的态度是否相同？我们的兴趣爱好有多少重叠？我们想在同一个国家生活吗？是否支持同一个政党？是否在工作中培养了相似的雄心壮志，还是无论哪个神都好但信奉同样的神？

在我看来，夫妻之爱就是与计算、校准、平衡与再平衡相关的。不是把自己缩到别人的阴影之下，而是坚守自己的立场，尊重伴侣的完整性，也坚守对方的立场。小说家达妮·夏皮罗说得比我好。在2017年的一部关于"时间、记忆和婚姻"的回忆录《沙漏》（*Hourglass*）中，她坦言自己总觉得需要奔跑，仿佛人生就是一场赛跑，时间总在后面追赶。卡夫卡无疑会对此深表共情。然而在婚姻中，夏皮罗明白了奔跑的愚蠢，也想明白了另一种生存方式。她写道："我把自己的线编成一幅挂毯。"这恰与崩解相反，因为编织好的线，即使磨损了，也比未曾编织的线更牢固。🅽

六位思想家

爱

逻辑学家

伯特兰·罗素
1872—1970年

纯粹的仁慈

"爱"是个涵盖了各种情感的词。我特意使用这个词，是希望把它们都包含在内。作为一种情感，爱在两极之间游走，我得这么说，因为"原则上的"爱在我看来并不真诚：两极中，一端是沉思中的纯粹喜悦，另一端则是纯粹的仁慈。就无生命体而言，只有愉悦才能进入，我们对风景或奏鸣曲就无法产生仁慈之感。这种享受大概就是艺术的源泉。一般来说，幼童的这种享受要比成年人更强烈，因为成年人更容易以功利的想法对待物品。这在我们对人的感情中起着重要的作用。如果仅仅把人看成审美的对象，那么有一些人是有魅力的，有些人却正相反。

女权主义者

西蒙娜·德·波伏娃
1908—1986年

情人的激情

一个"恋爱中的""谨慎的"女人（但这两个词是冲突的），试图把情人的激情转化为温柔、友谊、习惯。要么，她就试图用牢固的纽带把他系在身边，比如说孩子或者婚姻。婚姻的愿望困扰着许多恋情，这是一种安全感。聪明的情妇利用年轻爱情的慷慨为未来投保，但当她把自己交给了这些算计时，就不再配得上"恋爱中的女人"这个称号了。因为她疯狂地梦想着永远确保而非摧毁爱人的自由。这就是为何除了极少数贯穿一生的自由承诺之外，"宗教式爱情"都会导致灾难。

政治心理学家

埃里希·弗洛姆
1900—1980年

人类的存在

如果人能够爱，则须将其置于至高的位置上。经济体制必须服务人，而不是人服务经济机器。他们必须能分享经验和工作，而不是充其量仅分享利润。社会组织方式须使人的社会性与爱之天性不离解于社会存在，而是要与后者融为一体。如果真如我试论的那样，爱是解决人类生存问题唯一合理和满意的答案，那么任何相对排斥爱的发展的社会，长远来看都会因其与人类本性的基本需要相矛盾而灭亡。

博学家

列奥纳多·达·芬奇
1452—1519年

高尚的心灵

有一种鸟叫作"医官鸟"。传说被带到病人面前，如果没救了的话，此鸟就会别过头，不再看病人一眼。但如果还有救，它就会不离不弃地看着病人，并为其治好所有的病。德行之爱也如此，从不看向任何卑鄙或下贱之物，而是永远依恋纯洁和美德之物，只栖息于高尚的心灵中。就像鸟儿在绿林中的花枝上栖息一样，比起繁花似锦，这种爱更能出现于逆境中。就像光一样，在最暗的地方最亮。

无政府主义者

爱玛·戈德曼
1869—1940年

爱是自由的

自由的爱？好像爱情除了自由外，什么也不是吧！有人买来大脑，但世界上所有的百万富翁都没能买来爱情。有人征服了身体，但世上所有的力量都无法征服爱情。有人征服了整个国家，但他所有的军队都无法征服爱情。有人用锁链束缚了精神，却在爱的面前束手无策。有人高居宝座，拥有黄金所能带来的一切辉煌与华丽。但如果爱情与其擦肩而过，这人就依然贫穷而凄凉。然而，如果爱情不离你弃你，再破败的小屋也会焕发出温暖、生机和色彩。因此，爱有一种神奇的力量，能将乞丐变成国王。是啊，爱就是自由的，不能屈居于任何其他环境中。

神经学家

西格蒙德·弗洛伊德
1856—1939年

理想的自我

理想自我现在成了现实自我在童年时自恋的目标。主体的自恋移到新的理想自我上，而新的理想自我，就像婴儿时期的自我一样发现自己拥有一切有价值的完美。与往常一样，男人在性欲方面又一次表明，自己无法放弃曾经享有的满足感，不愿放弃童年时期自恋的完美。成人后，受到他人劝诫和觉醒了的自我批判判断力的干扰，从而无法再保留这种完美，此时人就会寻求以理想自我的新形式来恢复这种完美。

新哲人

理解爱

受访者 ｜ 苏珊·沃尔夫
采访者 ｜ 赞·博格

苏珊·沃尔夫是北卡罗来纳大学教堂山分校的"埃德娜·J·库里"哲学教授。她的研究涉猎广泛，涵盖道德哲学和心灵哲学中的诸多问题。到教堂山分校前，沃尔夫曾在哈佛大学、马里兰大学和约翰斯·霍普金斯大学任教。她是美国艺术与科学院和美国哲学学会的成员，并在2010—2011年任美国哲学协会东部分会的主席。沃尔夫著有《道德圣徒》和《通情达理与责任的形而上学》两文，以及《理性中的自由》《生命的意义及其重要性》《价值的多样性》《理解爱》等图书。

赞·博格： 您有很长一段时间都在研究"爱"。对您来说，爱是什么呢？

苏珊·沃尔夫： 我认为爱是一种与他人的关系或对他人的态度。当为了对方的利益而深刻且切身地关心他/她时，你就在爱了。这是爱的核心。它可能不足以将爱与其他一切东西区分开来，但我认为如果再有所附加，就会把爱的范围缩小得太过。

您曾在《价值的多样性》和《理解爱》等多部著作中深入探讨爱，是什么促使您对爱这一主题产生了兴趣？

还小的时候我就理所当然地认为人与所爱之人的关系在世间最重要，是过好人生的重中之重。学了哲学后，"生命中什么最重要"就顺理成章成了我想探究的。

因此，作为哲学家，你发现自己会问一些关于爱的问题。而如果对反思自己的生活不那么感兴趣的话，也许就不会问这些了。其中有一个大的问题是，如何将自己对所爱之人的动机与道德结合起来。道德与公正原则密切相关，也就是平等对待每个人，或者至少像他们理应得到的对待那样，平等待之。我并不认为比起其他人，我的亲人就更应拥有一切。他们只是我的亲人。

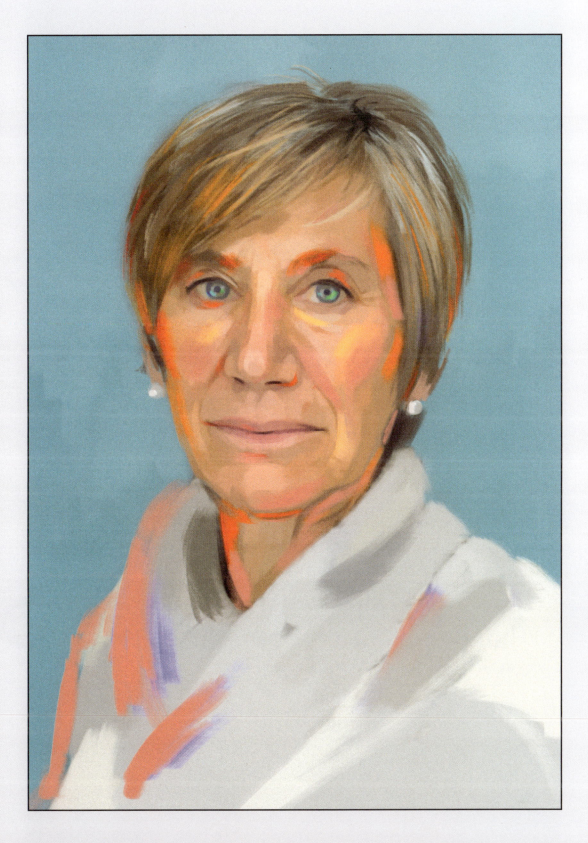

插画：艾达·诺瓦和卡洛斯·伊根

所以这是其一。另一个问题则是：某一种爱比另一种爱更重要吗？我们都有家人，有亲密的朋友，有浪漫的伴侣。因此我觉得我想琢磨的是，这些爱在生活中扮演的角色以及它们的重要性，有什么不同或有什么相同。

因此，我很自然就想到了用所有这些方式来思考爱，因为爱是我生活中如此重要的一部分。我在职业生涯中花了很多时间，在许多不同的地方，思考人与人之间的爱。当时我觉得这是一个独立的方向。我对生活的意义也很感兴趣，并试图弄清楚它是什么、其中又包含了什么。至于我们怎样才能拥有爱？我不认为那是对爱的探究，而是探究一些未必是人际关系的东西。

开始思考这个问题时，我突然发现，爱其实是与意义紧密相连的。在这种情况下，我认为爱是一个更宽泛的概念，它不仅包括与另一个人或与其他人的某种关系，还包括对任何事物的爱。你可以为了它本身，而对其产生深切的个人关怀。

我想讨论一下理查德·泰勒的思想实验"满意的西西弗斯"。这个实验假设众神怜悯西西弗斯，在他的血管中注入一种物质，使其脱胎换骨。突然间在这世上西西弗斯最想做的事，莫过于一遍又一遍地把石头推上山。他开始在做自己喜欢的事了，并爱上了自己所做的事。那现在，泰勒认为这种转变意味着，西西弗斯的生活已经从可怕的不幸生活变成异常美好的生活了。然而您并不同意这个，不是吗？

对。不同意，我不同意。在西西弗斯的故事中，人们的设想是诸神在他的血管里注入了对滚石头这一活动的热情。从内心来说，这感觉就像是一种有意义的生活。我承认这一点，或者至少是姑且承认吧。

但在我看来，当人们希望自己的生活有意义时，比如感到某种空虚时，他们想要的其实不仅仅是内心感觉好一些而已。而且希望自己的生活能联系起某种东西，让自己认为这种东西从"外面"看是有价值的。他们不只想享受或者热爱其正在做的事情，还希望他们正在做的事情从客观上也是有价值的。

因此，说到有意义的人生，我们所做的贡献是否需要超越自我？这是否足以让我们的生活变得有意义？还是说我们也需要保持热爱或者两者都需要呢？

它并不一定真的要超越自我，但一定不要止步于自我。我们经常使用"超越自我"这个词来谈论做一件事的态度，它的价值不仅仅来自你对它的喜爱，或者来自你认为它是一件好事，它还必须从某种更外在的角度来看是好的。难道这就足以让一个人的行为变得有意义，或者让一个人的生活变得有意义吗？当我开始思考"意义"这个问题时，我把自己

> 我们要热爱和认同自己所做的事情，这样才能
> 为其自豪，并感受到自己的存在。

和泰勒做了对比。泰勒基本上认为，只要你喜欢，只要你觉得有意义，你的生活就是有意义的。我觉得不是这样，这还不够。所以我想当然地认为，"如果某事对你来说没有意义，那么对你的生活就没有意义"，这是一个必要条件，它必须在某种程度上让你主观上得到满足。但这还不够，它还必须在客观上值得被满足。它必须是你认为有价值且值得去做的事。

所以我对意义的看法简单来说就是：主观吸引力与客观吸引力相遇时，你就获得了意义。你爱上什么，就是说你对它充满热情、被它深深吸引。它可以是一件物品、一项活动，也可以是一个人。它值得被吸引、被爱，等等。你希望主观和客观能结合。如果你做一件很有价值的事却与它格格不入，那么你的生活实际上就没有意义，所以需要价值和意义两者兼得。这是我文章中的意思，也是我公开发表的观点。

我想，为了回答"如何获得生命的意义"或"为何我认为某件事对我的生命有意义"这类问题，为了自省地理解"我在寻求什么"和"我拥有什么"，我会坚持自己说过的：你要的是，在正确认识到"你所做的事值得"的前提下，爱上你正在做的事。

话虽如此，但从那时起也有人提出了其他看法，他们说，其实主观的部分并不是让你的生活有意义的部分，而是让你意识到生活有意义的部分。因此，你可能会说，如果一个人正在做一件很棒的事，却与这件事格格不入，那么，她并没有意识到她的生活是有意义的，但它确实是有意义的。对我来说，是否为此争辩并不重要。很显然，我们要热爱我们正在做的事情，要认同我们正在做的事情，这样我们才能为之自豪，这样你才能感觉到"这就是我"。因此我坚持认为，仅有这种感觉是不够的，还必须有一定的价值。

您谈到，意义来自对"值得爱的东西"的爱。是什么让某些东西值得被爱？也许可以反过来问问，什么是不值得爱的？在您看来，什么样的活动不值得去爱呢？

《帕里斯和海伦之爱》，1788年，雅克-路易·大卫

所谓"值得爱的东西"是说，它之所以有价值，不只是因为你喜欢它或你认为它有价值，而是因为它从另一个维度来说是有价值的。但这只是一种转述。我不知道如何回答这个问题才更有说服力，因为我没有能让自己满意的价值理论。我认为很多东西都值得去爱，比如人、哲学、艺术和理解世界等。那么如果你问，是什么让所有这些东西都有价值呢？我想我得说，我也不知道。

试图就"什么值得爱"提出一个理论或至少提些一般性观点，这是有些棘手。我们要从自己的直觉出发，来认定某些事是浪费时间。浪费时间未必都是坏事。我的意思是，浪费些时间没什么不好，也是我欲为人的一部分，但把石头滚到山上再滚下来，无休止地循环往复，似乎是毫无意义的。这就是为什么西西弗斯是人生荒谬的象征。当然，那是神话中的无意义活动。因此，玩玩简单的电子游戏可能是另一种无意义活动，我在这方面也有些经验。如果花上20分钟，玩些不费心力的电子游戏，关键是要"不费心力"。那事后我就会觉得这只是浪费了20分钟时间而已。

问题是，为什么说这是浪费时间，但和最好的朋友在树林里散步不是浪费时间，或者研究分析哲学不是浪费时间呢？人们可以试着找出所有无意义活动的共同点，而我所能提供的都是消极的一面。比如，它对任何人都没有好处，它对你的成长没有任何帮助。这很符合常识，人总是要从常识出发。

现在，之所以说棘手，是因为当我举例说明一项无意义的活动时，总是有可能对这个例子进行调整或延伸，使其最终变得有意义。例如，在我写的一篇文章中，我谈到非常奇怪有人竟然会逐字手抄《战争与和平》，尽管人们可以在网上或在书店买到。我认为这是一种没有价值的行动。

因此当我这样说的时候，有人会说，好吧，你看那些修道者又怎么想呢？在中世纪的修道院里，他们都在抄写《圣经》。那并非毫无意义，不是吗？当然不是。你也可以讲个故事，说这个人为什么把抄写《战争与和平》的词句当成一种行为艺术。因此当你提供不同类型的修饰时，这个本来只是纯粹、随意的事情，却莫名其妙地变成喜欢做的事情，也变得更有意义了，且能识别出它的价值了。因此，我们很难笼统地指出哪一项具体活动"肯定毫无意义"。

除了一趟又一趟把石头推上山是吧。

实际上，乔·菲恩伯格写了一篇关于荒诞和自我实现的精彩文章。他谈到西西弗斯说，好吧，一开始他只是推石头。这是个经典概念，西西弗斯只是推它，并不开心，是个苦差。到了山顶，石头滚下来，于是又得做一遍。但后来西西弗斯开始想出些有趣的动作，用不同方法把石头推上山，或许他开始摆弄那几块石头。总之，西西弗斯想出各种办法，让推石上山的活动变成了一种具有美学趣味的个人挑战。

所以菲恩伯格的基本理念是，如果没有任何智力上的东西能让人觉得有价值，那我们就说它没有价值。如果有人发现自己对某事非常感兴趣，那么就让他们试着去想，他喜欢这东西的原因是什么？为什么它看起来有价值？我会听的。我想我的看法是，对于什么是真正有价值的东西，在你有一套自己真心相信的理论之前，我希望对"什么是有价值的东西"持非常开放的态度。我之所以有兴趣谈论"意义"，并不是因为我想列出一份有意义的活动清单，比如想要生活有意义，就要从甲类中选择，要避免某某事……我不想这样做。我更感兴趣的是，认识到有意义是美好生活的一个维度。它不能与快乐或对生活的美好感觉相提并论，也不能与道德相提并论。与这两者都不同。我想，认识到这一点是有益的，这样当我们思考自己的生活是什么、希望自己的生活是什么、希望如何养育自己的孩子时，当我们思考美好生活包含哪些内容时，至少有些能用的概念和词语来确定生活是好或是坏。这真的很重要，如果你没有这个区分，它就可能会被忽视。

你为了保护朋友而不惜撒谎，这一点还是
令人钦佩的。

谈到美好生活和人生意义，我们很多人都会从人际关系尤其是恋爱关系中获得意义。在
我们看来，怎样的人才值得被爱？我并不是说有些人是完全不值得爱的。我想说的是，
对某个特定的人来说，某个值得被爱的人，怎样才值得被爱？

所以，是什么让一个人值得与其建立恋爱关系，或何时与其结束恋爱关系呢？我们可以
从一个常识性观点开始，那就是除了非常可怕的变态、可怕的人的可怕故事外，从某种
抽象意义上来说，每个人都值得被爱。因此您的问题必须被解释得更个人化些：谁值得
我爱？谁是适合我培养这种关系的人，谁又是在这种关系中我该摆脱的人？

我想说，你不要看这个人本身是否值得被爱，而是要看这段关系、这个双人组合（如果
是两人）是否值得被爱。它大于还是小于各部分的总和？我不想用这个人是否对你好来
解释问题，好像一切都是为了你、为了找一个能让你更快乐的人。相反，问题是，我们
在一起会更好吗？这包括"我们是否更幸福？"，又不止于此。

很多人认为，成功的恋爱关系是能持续很长时间的关系。我并不是说，持续时间长就等
于成功，但对于持续较长的恋爱关系来说，爱情发展的方式会随着时间的推移而改变。
在某些时刻有些人可能会觉得，对，这是值得的，但它可能会以离婚或爱的消失而告
终，也可能会因某种谎言而破坏关系等。这段关系是以怎样的方式结束还是继续下去，
这重要吗？无论结果如何，在一段关系中得到满足是否就算值得呢？

我得说，不是这样的。仅得到满足并不能保证这段关系就是值得的，但也不一定是因为
结果。也就是说，如果你所说的"结果"是指"持续"或"持续了多久"的话，那么这
就不只是一个"持续"或"持续多久"的问题了，而是要看在这段关系持续的过程中，
它到底是什么或曾经是什么？例如谎言，如果在这段关系中受了骗，这可能会损害这段
关系的价值。即使你觉得这段感情很好，但一旦发现对方一直在利用你或其他什么时，
你就会认为，虽然感觉这段感情是有意义的，但其实它并没什么意义。实际上，你可能
会认为自己浪费了生命中的几年，而自己本可以做一些更有意义的事情。

"你不觉得咱们自恋的人真是太离谱了吗?!"

这有点儿像你加入一个宗教团体，最终你发现它是一个邪教组织。也许身在其中时你感觉很充实，认为是在服务于某种更崇高的信仰，也乐在其中。无论如何，你觉得它有意义。后来你退出了。我们一般会假设，这是个骗人的可怕社区，无论在里面待了几年还是几个月，你都是被误导和欺骗了。那你……，怎么说呢？你还会说你发现真相前的那些都有意义吗？我想，我更倾向于说不。我曾经以为它有意义，但我被骗了，就像众神哄骗西西弗斯。因此我想，以此类推，可能的关系也如此。

另一方面，如果你有一段变质的关系，甚至涉及谎言，那么这段关系在一定时间内可能真的很好，然后一个人不再爱另一个人，开始欺骗，我只是在想一种标准的关系恶化和破裂的方式。所以会有那么几年，这段感情并不是你想象的那样，也许在那段时间里你甚至是懵懂无知的，所以即使你被欺骗了，这段感情仍然是美满的。但这并不意味着整段感情都要被抛弃，被认为是一种浪费。它可能没有你想象的那么美好，但仍然有意义，甚至是非常有意义的一段感情。

我要谈谈另一种类型的谎言。我在这里引用您在《生命的意义及其重要性》中提到的话：
"为保护朋友或亲人而撒谎，在道德上往往被视为与为保护自己而撒谎截然不同，也不那么
值得指责。"我的问题是，这在道德上有什么不同呢？所爱之人在某种程度上不就是自己的
延伸吗？

在某种程度上是这样。但我认为，这并不意味着为朋友撒谎就等同于为自己撒谎。当我们说所爱的人是自己的延伸时，我想我们通常指的是他们的利益变成了我们的利益，也就是说，我们直接投资于他们的幸福。然而，正是通过他们的幸福，我们才可能做得更好。因此，这就存在着一种悖论：从利己主义的角度来看，为朋友做事可以是利他主义和自我牺牲的；从公正的角度来看，为朋友做事，而不是为了一个更需要帮助或更值得帮助的陌生人，可能是自私的。

这就好比母亲有一块蛋糕，可以给孩子吃，也可以自己吃。她可能喜欢吃蛋糕，但孩子也喜欢吃蛋糕，所以如果她把蛋糕给孩子吃，她就会得到让孩子开心的快乐，而孩子也会得到吃蛋糕的快乐。从道德和人性的角度看，这样的母亲比把蛋糕占为己有的母亲更有吸引力，因此这两种行为在道德上并不等同。

同样，为保护朋友而撒谎与为保护自己而撒谎，在道德上并不等同。愿意不惜撒谎来保护朋友，还是令人钦佩的。字面意义上的"自私"，对比友谊的话，在这里表现出了一种"无私"，即使从更广泛的层面来看，它可能存在一些道德问题。

我认为，"我不想让我的朋友陷入困境"的动机是可敬的。而"我不想惹麻烦，即使这麻烦是我应得的"，这种动机则显得懦弱。

我想问，愿意为别人撒谎，是否是爱一个人的一种表现。你愿意为别人站出来，克服你通常会对撒谎产生的道德上的痛苦。也就是说，你愿意为"这个"人而不是"那个"人撒谎，这是否就是你对他的爱的一种表现。

这得分是谁。这是个好问题，我想至少在我个人的某些关系中，我会为他们撒谎，这是很自然的，也是我爱他们的一种体现。当然，我希望他们不需要我为他们撒谎，但如果有需要，我会这么做。我可以告诉你一桩逸事，当时真的令我很惊讶。多年前，我看过一集《法律与秩序》，估计是"根据真实头条新闻采编的"。讲的是有人为了需要肾脏的女儿，打晕了别人并取走了他的肾脏，然后又把伤口缝起来。我和母亲打电话时不知怎么谈起了这事。她说，我也会为你这么做的。我想着"啊？别呀"。但转念又想，是啊，这就代表某种爱，某种无条件的爱吧。无论对错好歹，母亲很可能会为我做这样的事。

伯特兰·罗素说："惧怕爱就是惧怕生活，惧怕生活的人已经有四分之三部分死了。"要过上有意义的生活，爱有多重要？

如果你把爱泛泛地理解为，不只是对人的爱，还有对某种事物的爱，希望是有价值的，那可以是对哲学或艺术的爱。在我看来它必不可少。我觉得，什么都不爱才是最可怕的。**N**

澳大利亚首家"非同质化代币（NFT）"画廊——艺术与哲学博物馆（MAP），由《新哲人》杂志运营，在澳大利亚的霍巴特开业。MAP是南半球第一家实体NFT画廊，也是继纽约联合广场的Superchief画廊后，世界第二家实体NFT画廊。

NFT是存在于区块链分类账上的虚拟资产，也是数字艺术家证明其艺术品唯一且不可互换的一种手段。"过去，数字艺术家的作品是以JPEG、GIF或TIF格式，用电子邮件发给出版商的。数字文件可以随意复制，因此很难证明作品的所有权，"MAP策展人、国际纸媒杂志《女性》的主编安东尼娅·凯斯说，"如果数字作品的JPEG文件上传到网络，那任何人都可以下载，这使数字艺术家与那些有形作品（如架上绘画或雕塑）的艺术家相比更加不利。"

NFT是一种数字真实性证书，向数字艺术品的购买者授予代币，以证明他们拥有该艺术品。它可以买卖，就像任何资产一样，所有权记录则存储在一个被称为"区块链"的共享分类账上。"NFT使数字艺术家能够在艺术界与更多传统媒介的艺术家同台竞技，"MAP策展人、《新哲人》杂志主任编辑安东尼娅·凯斯指出。佳士得拍卖行以6900万美元拍出的数字艺术家Beeple的作品就是一例，它创下了数字艺术的最高价格纪录。

MAP最初将展示纸媒《新哲人》杂志和《女性》杂志上刊出过的艺术家的作品，未来的展览则将把NFT与实体艺术品并置。凯斯指出："近十年来，我们的纸媒杂志一直在为艺术家提供支持，NFT市场为数字艺术家提供了一个独特的机会，让他们获得酬劳。"她还补充道："我们很高兴能参与这个新项目。"

Map

艺术与哲学
博物馆

插画：艾达·诺瓦和卡洛斯·伊根

爱的哲学

珀西·比希·雪莱

千泉入河、万川汇海，

天堂之风总有柔情蜜意在；

世间无有孑然一身，

神圣法则万物皆遵，

样样灵魂融汇一体，

我为何就不能与你一起？——

看群山亲吻苍穹、彼此纠缠的海浪，

花儿里的姐妹若鄙夷兄弟，

那可不能原谅；

日耀拥紧大地，

月光亲吻海际：

如果你不吻我，这所有甜蜜还有什么意义？

爱情论

司汤达，1915年著

你会被一位年轻的女人耍得团团转，要问
为什么，那可有太多老实男人的例子了。
——《海盗》

第一章 关于爱

我的目的是理解这种激情。在爱当中，每一种真挚关系的发展都具备美的特性。
爱有四种类型：

1.激情之爱——葡萄牙修女的爱[①]、爱洛伊丝对阿伯拉尔的爱[②]、韦塞尔上尉和森托中士的爱[③]。

2.雅趣之爱——18世纪60年代风靡巴黎的"骑士之爱"，见于当时的各种回忆录和小说中，如克雷比永（Crébillon）、劳宗（Lauzun）、杜克洛斯（Duclos）、马蒙泰尔（Marmontel）、尚福尔（Chamfort）和德·埃比奈夫人（Mme.d'Épinay）等人关于浪漫爱情的文学作品中。

画面中的　切，甚至阴影，都应该是玫瑰色的。任何令人不悦的元素都不应该有任何理由出现在这幅图景中，即使这意味着在礼仪、品位和教养方面可能会有所欠缺。一个有教养的人能够预见自己在爱情旅程的不同阶段，以及可能采取或遭遇的所有行为模式。这种爱往往不甚高雅，因为没有激情，也没有什么不可预见的东西，总是充满了机智。如果说雅趣之爱是冷酷而美丽的小型画作，那么激情之爱就是卡拉奇[④]的鸿篇巨制。激情之爱让人不顾一切，雅趣之爱却总是尊重我们的利益。诚然，如果我们从这种可怜之爱中剥离掉虚荣，就几乎什么也不剩了。一旦剥去这层外皮，它就像摇摇欲坠的病人，几乎无法拖动己身。

①7世纪的修女玛丽安娜·阿尔科弗拉多，她化名为"葡萄牙修女"，以书信的形式写下了她的爱情故事。她爱上了一位法国军官，这段禁忌的爱情以悲剧告终，给她的心灵带来了极大的痛苦。她的故事后来被写成了小说《葡萄牙修女的情书》（*Letters of a Portuguese Nun*），这部作品在出版后广受欢迎，被认为是情书文学的杰作，展现了激情之爱的痛苦与挣扎。——译者注

②彼得·阿伯拉尔是12世纪的哲学家和神学家，而爱洛伊丝是他的学生。两人之间发展了一段秘密的爱情，爱洛伊丝因此怀孕并生下了一个儿子。这段关系最终被爱洛伊丝的家人发现，导致阿伯拉尔被阉割，爱洛伊丝被送入修道院。尽管两人被迫分离，他们之间仍然通过书信保持联系，这些书信充满了深情和哲学思考，后来被保存下来，成为中世纪爱情文学的经典。——译者注

③韦塞尔上尉和森托中士在西方文学中被描写成为爱而生、为爱而死的浪漫人物。——译者注

④卡拉奇家族，是17世纪时期的一个意大利画家家族，他们对欧洲艺术的发展产生了重要影响，画作往往富有动感和表现力。——译者注

插画：艾达·诺瓦和卡洛斯·伊根

3. 肉体之爱——外出打猎时，一个清纯美丽的乡村少女与你擦肩而过，又逃进树林。人人皆知这种快乐之上的爱情。无论一个人的性格多么古板乏味，所有人都差不多在16岁时开始拥有这样的体验。

4. 虚荣之爱——绝大多数男人，尤其是法国男人，都渴望有或已经有了一个时髦女人，就像一个男人得了一匹好马一样，这是年轻男子奢侈生活的需求。他们的虚荣心或多或少被满足、被刺激，从而产生了感情冲动。有时也会有些肉体之爱，但绝非总是如此，经常连肉体享受都谈不上。肖尔纳公爵夫人曾经说过，对权贵阶层而言，一位公爵夫人永远不会超过30岁。而获准进入荷兰国王路易斯宫廷的王公贵族总会饶有兴致地忆起一位来自海牙的美女的风流韵事。她觉得任何一位公爵或王子都是迷人的，但一旦有新的王子来到宫廷，那些公爵就会被她按照忠于君主的原则而无情抛弃。她就像是外交场合的一种装饰，用来衬托王子们的高贵。

这种乏味、无新意的关系中最幸福的情况是，除肉体快乐外还加入了习惯。这种情况下，丰富的回忆使它略微有点儿像爱情。有自尊时的赌气，还有被弃时的悲伤。然后浪漫把它的想法强加给我们，使我们相信自己是在恋爱、在忧郁，因为虚荣心渴望把自己归功于一段伟大的激情。至少可以肯定，无论快乐的源泉是哪种爱情，一旦灵魂被唤醒，快乐就会变得强烈，关于它的记忆就会变得诱人。在这种激情中，与其他大多数激情相反，我们失去的记忆似乎总是超出我们对未来的期望。

有时，在虚荣之爱中，习惯或对找不到更好归宿的绝望，会产生一种友谊，这是所有友谊中最令人不快的一种：它以自己的安全感为荣。

人人皆知，追求肉体快乐是我们的天性，但在温柔多情的灵魂眼中，肉体快乐只处于从属地位。即使他们在沙龙里逗人发笑，或经常在社交的阴谋中感到不快，他们也可以得到补偿，毕竟这种人感受到的快乐是只为虚荣和黄金才加速跳动的心永远不可触及的。

一些纯情而敏感的女性对肉体快乐几乎没有概念，她们很少冒险去享受这种快乐。即便如此，激情之爱达到巅峰的时候，也让她们几乎忘记了还有肉体之乐。

有些男人则是恶魔般的骄傲，是阿尔菲耶里①式骄傲的牺牲品和工具。这些人像暴君尼禄一样，只按照自己内心的模式评判所有人，他们总是心神不宁。对这样的人，我得说，他

①意大利剧作家，其作品在风格上常常表现出强烈的激情和个人英雄主义色彩。——译者注

们的肉体快乐只有伴随着最大可能的傲慢时，才会达到巅峰。也就是说，只有在他们对伴侣实施残忍的行为时，才能获得肉体的快乐。这就是小说《贾斯汀》（*Justine*）的恐怖之处。无论如何，这样的人是没有安全感的。

总之，相较于区分四种不同的爱，我们更容易承认八或十深浅不同的爱。也许人的感觉方式和视觉方式都是多种多样的，但命名的差异丝毫不会改变接下来的判断。在同样的法则下，所有形式的爱都可以在这里被看到，都有其诞生、成长和死亡，或者升华，直至不朽。

第二章 关于爱的诞生

爱情在灵魂里是这样诞生的：

1. 赞美。

2. 内心的声音："吻有多快乐，被吻也有多快乐。"

3. 希望。
我们研究她的完美。此刻的女人应该屈服，以实现最大的肉体愉悦。最矜持的女人，在萌生对爱情的希望的那一刻，眼睛也会泛红。激情如此强烈，快感如此敏锐，通过惊人的迹象暴露了自己。

4. 爱情诞生了。
去爱，就是去看、去触摸、去感受，调动各种感官尽可能去接近我们爱的对象和爱我们的对象，并从中获得快乐。

5. 第一次结晶开始。
情人乐于为深爱的人披上无数完美的外衣。他沉浸于幸福的所有细节中，满足感无以复加。他只是在赞美上天刚刚赐予的恩惠，对它一无所知，只确信自己拥有。

《林中的拉达和克里希纳》，18世纪，纸上水粉画，创作者不详

让一位情人的思绪自然运行24小时，你就会发现这一点。

在萨尔茨堡的盐矿，一根被寒冬夺去叶子的树枝被扔进废弃矿井的深处。两三个月后再取出来，上面布满了璀璨的晶体。最小的枝条比麻雀腿更细，也镶嵌着无数闪闪发光、耀眼夺目的如钻石一般的晶体。你根本无从辨认出原来的树枝了。

我称这种心灵的变化过程为结晶。它从呈现给它的一切事物中得出结论：它所爱的对象具有新的完美性。

一位旅行者说，炎炎夏日，热那亚海边的橙树林里弥漫着清新的气息，和她一起享受这种清新的感觉是多么惬意！

你的一个朋友在狩猎时摔断了胳膊。他被心爱的女人照顾着，多么甜蜜！总是和她在一起，时刻都能体会到她的爱，痛苦几乎变成一种幸福。朋友身上发生的事，让你绝对相信自己的情人也如天使般善良。总之，在恋爱中只要想到完美，就能在所爱之人身上看到完美。

对于这种现象，我大胆地称其为"结晶"。这是人性的产物，它驱使我们去享受，让热血涌上大脑。它源于这样一种信念，即爱情带来的快乐会随着对象的完美而增加。它也源于这样一种想法，"她是我的"。

野蛮人没有时间超越第一步。他也会感到愉悦，但他的脑力活动都用于追赶森林里的飞鹿，以及他必须尽快休整自己的身体，否则就会倒在敌人的斧下。

在文明的另一端，我毫不怀疑一个敏感的女人只会从自己所爱的男人那里感受到肉体上的愉悦。野蛮人则恰恰相反。但是在文明社会中，女人有闲暇时间可供自己支配，而野蛮人则被必要的生计压得喘不过气来，女人也不得不当牛做马。如果说许多动物的雌性更幸运，那是因为在这些动物中，雄性的生存更有保障。

让我们再次离开荒野，回到巴黎。一个充满激情的人在他所爱之人身上看到了一切完美。然而，他的注意力仍会被分散。因为灵魂对所有千篇一律的东西，即使是十全十美的幸福，都有厌倦的时候。

以下是分散他注意力的原因。

6.怀疑的诞生。

十次或十二次回眸，或其他一系列动作，经历数天或是片刻，恋爱中的人从最初的惊梦中苏醒，习惯了自己得到的幸福时，他开始根据那些基于轻浮女性行径的世俗理论，寻求更加确凿的证据，进一步确保他的爱情可以长久。

他如果表现得过于自信，就会遭到冷漠、冷淡甚至愤怒的对待。在法国，如果有人告诉你："你并不如你所想的那样（好）。"其实是一种讽刺。

女人之所以会有这样的表现，可能是因为她从片刻的陶醉中清醒了过来，恢复了羞涩，也可能仅仅是因为谨慎或卖弄风情。

总之，在恋爱中只要想到完美，就能在所爱
之人身上看到完美。

这位情人开始对曾经期待的幸福产生怀疑：他更加仔细地审视那些他原本认为充满希望的
理由。

他想要重拾生活中的其他乐趣，却发现它们已经荡然无存。他被一种可怕的灾难带来的恐
惧所困扰，同时也陷入了深刻的沉思。

7.第二次结晶。

此时开始了第二次结晶。它把"她爱我"这种想法的证据转化成了钻石。

疑虑产生后的夜晚，每时每刻恋爱中的人都在经历恐惧带来的痛苦，他开始自言自语："是
的，她爱我。"结晶带来新的魅力。然而怀疑带着憔悴的眼神又抓住了他，让他停滞，大
脑一片空白。他的心忘记了怎么跳动，只能再次扪心自问："她真的爱我吗？"痛苦与狂
喜交替，可怜的情人在灵魂深处感叹："她能给我带来任何人都给不了的快乐。"

这一真理是如此真实而肯定，这条路一边是万丈深渊，一边是触手可及的完美幸福，这使
得第二次的结晶远比第一次更有优势。

恋爱中的人时时在这三种想法之间徘徊——
　　·她完美无瑕。
　　·她爱我。
　　·怎样才能得到她爱我的最强证据？

年轻稚嫩的爱情最痛苦的时刻莫过于看到自己的推理全盘出错，不得不摧毁整个结晶过程。

怀疑是结晶的自然结果。

当一个人全情投入爱中，多么不
完美的世界也会变得丰饶美丽，
它只剩爱的机会了。

索伦·克尔凯郭尔

《红心皇后》，1866年，但丁·加布里埃尔·罗塞蒂

w r.

在这里，我们向读者介绍主题为"身份"的第33届《新哲人》"作家奖"获奖者。从美国马里兰州到萨福克、从英国北约克郡到澳大利亚塔斯马尼亚州，我们再一次收到了来自世界各地的大量投稿。拔得头筹的是作家蒂姆·坎贝尔的《你得记住这个》，而荣获亚军的是菲尔·沃伊齐的作品《语言塑造了我们》。

t e r

你得记住这个

○━━━○

蒂姆·坎贝尔

我的记忆力总让我沮丧。探寻过去，对我来说就像玩抓娃娃机。在装满小饰品和玩具的玻璃柜里，操纵金属爪，试图拖出一个宝贝，但几乎总是徒劳。当孩子们问我，我在他们这个年纪是什么样的，或者我是如何应对他们正面临的挑战或里程碑事件时，我常一脸茫然。又或者，我只能回想起一段往事、一帧褪色的胶片。相比之下，我的妻子总是很快就能讲出一个故事。在我看来，她的大脑像是一个藏书丰富、编目细致的往事图书馆。我多希望自己能像她一样，对过去信手拈来。这不仅因为我担心自己的记忆在晚年会变得更糟糕，也因为我担心，即使是现在，它也正损害着我最亲密的财产——自我身份认同。

约翰·洛克是首位认真分析个体身份认同的哲学家，认为记忆是关键。他认为使人在一段时间内成为同一个人的，是意识的连续性，是共同的心理历史，由记忆支撑和维持。如果你能回忆起过去的某个人，如果能从内心重新体验他们的所见所闻、所思所想、所作所为，那么你就与过去的某个人完全相同。记忆的局限就是身份的局限："只要这种意识可以往回延伸到任何过去的行为或思想，那么这个人的身份也就到此为止了。"洛克对其立场的极端后果并不感到惧怕："如果同一个人在不同的时间具有不可交流的不同意识，那么毫无疑问，同一个人在不同的时间就会成为不同的人。"

这使身份变得极其零碎和脆弱。如果我忘了十年前甚至一天前做过的事，那么按洛克说，我就没有"真正"做过这事。由于意识断裂、记忆空白而与我分离，是另一个人要对这一行为负责。尽管我俩可能是同一个人类物种，共享一个连续的身体和生命。大多数人只记得一年中的八到十件事，我们真能接受如此高的身份认同标准吗？人的大部分经历从未被

记录在大脑中或者随着时间流逝而凋零。我们记忆中的生活与其说是意识流，不如说是几百个彼此不连接的自我意识池。

共情于洛克理论的哲学家，通过调整记忆与身份认同之间的关系来挽救这一理论。他们不再像洛克那样坚持认为，只有当我清楚地记得自己是5岁的自己时，我才与5岁的自己完全相同（而我并不记得5岁时的自己），而是允许两个人通过一连串重叠的记忆联系在一起，从而成为同一个人。今天的我记得昨天的我，昨天的我记得前天的我，就这样一直追溯到童年，尽管有成千上万天我已经完全忘记了。我与5岁时的自己不是通过一座长记忆桥而是通过许多短记忆桥联系在一起的，这足以保护身份的同一。

这一修正使解释更加合理，却无法消除我的担忧。它使长期记忆对身份认同的重要性降低了，这本该让我放心，但却没有。仔细想想，我所担心的身份认同与其说是心理学家的问题，不如说是哲学家的问题。哲学家问的是，是什么让一个人随着时间的推移变得相同；心理学家问的是，是什么让一个人与其他人不同。心理认同依赖于哲学认同，因为我无法在不假定自我历久弥新的情况下构建一个自我，但它使这个历久弥新的自我独一无二，并用选择和环境的所有特质来装饰它。现在，我愿意接受哲学身份认同的不确定性，相信我和我在家庭老照片中看到的那个害羞、满脸雀斑、贪玩的男孩是同一个人，但我仍然担心，由于对那个男孩的生活记忆太少，我的心理身份认同是不完整的。那么记忆对人的自我意识有多重要呢？

洛克在身份哲学中有多重要，埃里克·埃里克森对于身份心理学就有多重要。埃里克森写道："在人类生存的社会丛林中，没有认同感就没有活着的感觉。"埃里克森研究了一个人如何形成稳定的自我意识，即对自己是谁的坚定而又灵活的把握。他认为认同感是一种组织力量，它整合了一个人思想和生活中的各种因素。身份赋予一个人目标和活力，指导一个人做出决定，获得归属感，并巩固亲密关系：我们通过揭示自己的身份和发现他人的身份而与他人亲近。特别是在现代西方社会，传统和社区已经失去了对我们的紧紧控制，因此，构建稳定的身份认同是一项至关重要的终生任务，在青春期尤为迫切，但却永远无法完成。

我们的心理身份有很多要素，包括核心理念、价值观、目标、角色和人际关系。但所有这些要素都与我们跟别人和跟自己说的故事相关联，并被这些故事所点亮。这些故事以及我们的身份认同在很大程度上都以记忆为基础。因此我猜想，我们可利用的记忆越多，我们从人生每个阶段和情节中可回溯的经历越多，我们的身份认同感就越深刻。反之，如果难以唤起过去的记忆，身份认同感就会变得单薄或脆弱。

人的记忆有几种类型。短期记忆，也叫工作记忆，能在几秒内将信息保存在我们的意识中。此外，还有关于经历（情景记忆）、事实和概念（语义记忆）、运动和认知技能（程序记忆）以及短期和长期计划（前瞻性记忆）的长期记忆。所有这些都在身份构建过程中发挥了作用，但最重要的是情景记忆，因为它是故事的素材。那么，也许改善情景记忆是加强心理认同的最可靠方法，但是它可以被改善吗？

"我们的大脑进化到可以记住有意义的事情，"神经科学家莉萨·吉诺瓦在《记忆》一书中写道："充满情感的生活事件往往在我们脑海中形成长期记忆，比如胜利、失败、恋爱、羞辱、婚礼、离婚、出生、死亡等。"而日常事件，比如洗碗、上下班，则通常会被遗忘。因此，为了获得更多的情景记忆，我们可以从寻找新奇和紧张的、有参与感的以及充满激情和印象深刻的事件开始。之后，我们可以通过重温这些记忆，将它们更牢固地留存在脑海中：可以在晚餐时分享当天的新闻，撰写和阅读日记，在聚会、野餐和午餐时回忆往事，翻阅相册和浏览社交媒体上的旧帖子。每当激活记忆时，我们就会强化其神经痕迹，使其更容易被保留和检索。

请注意，所有这些情景记忆的强化，都需要以讲故事的形式实现。我们把结构和意义与对过去事件的观察和感受融为一体时，记忆就无缝衔接变成了故事。通过叙事，我们使自己的生活和自我更有意义。还要注意，回忆和讲故事在很大程度上都是社会行为。我们在家人和朋友的陪伴下塑造自己的身份，就是叙事心理学家凯特·麦克莱恩谈到的"共同创作的自我"。"我"是主要创作者，在塑造身份的过程中主要借鉴自己的经历，但也必须与其他人对我的印象、他们的逸事和评价以及我所属群体的旧故事之间协调一致。

对于像我这样的人来说，这种关于身份如何发挥作用的观点很有启发性，也很振奋人心。很是有一些可靠的方法可以改善情景记忆，因此任何人都可以扩充他的生活经验档案。然而，丰富而强大的身份并非离不开大量的记忆，因为在将经历转化为记忆、故事和身份的过程中，每一步都是质胜于量。当下有意义的东西会成为记忆，反思后有意义的东西会成为故事，而最有意义的故事经过整理和连接，就会成为一个人的身份。重点不是积累记忆，而是过有意义的生活。

最后学到的经验则是，我们是有人支持的。家人和朋友帮我们确定我们是谁、能成为谁。虽然这可能会产生些问题，比如我们可能会抵制或拒绝他们的观点，但这可能非常有价值。我们可以用他们的回忆来填补自己故事中的空白，用对方的见解来弥补自己的盲点和偏见，并在安全的环境中测试一下试探性的自我。

因此，我已经与自己糟糕的记忆和解了。我发现，我的身份并不是记忆的总和，而是个综合体。不是我的全部作品编目，而包含我的成为和失败。值得庆幸的是，我是在与爱我的人们合演一出戏，而他们能记得我遗忘的台词。**N**

语言塑造了我们

○━━━○

菲尔·沃伊齐

我还记得被收留的最初几周与照顾我的秘鲁库斯科家庭围坐在一起吃午饭，有何塞、艾玛和他们的四个女儿。陌生的话音在耳边回荡，我的自信心被炸开一个大口子，带给我前所未有的生存危机感。如果不能抒发对世界现状的看法，不能讲笑话，甚至不能就任何事情简单对话，那我又是谁呢？

我到秘鲁是来学习西班牙语的。之前我一直在给移民和难民教英语，想象着通过文化浸润习得一门语言，让我成为更好的老师。我想体验学生们所经历的，因此到秘鲁时只学过一句（并不特别有用的）西班牙语。那是我在悉尼上街游行、高呼萨尔瓦多人自由时学到的："团结的人民永不败！"

我完全不知道自己在做什么。陌生的西班牙语唤起了难以抑制的迷茫和疏离感。利梅诺斯人飞快的语速，让我感到莫名困惑。西班牙人撤了以后，秘鲁在20世纪80年代中期成了暴力世界，变得十分可怕。当时有两个活跃的游击队运动，绑架和暴力犯罪司空见惯。在极度恐惧和偏执状态下，我谁也不信、谁都怀疑。

我的身份认同是在20世纪60年代的悉尼郊区形成的。我是中产阶级的白人男性，没有特别良好的教育背景，但擅长板球和橄榄球。在津巴布韦教书的两年和在非洲旅行的经历让我觉得自己还多了一层世故和成熟。

秘鲁很快就让我打消了这个念头。在库斯科与这家人相处的头几个星期，我像个两岁孩子一样咿呀学语。除基本短语外，我不会说什么，在午餐时与何塞的全部交流只有"辣椒不辣"。每天早餐时，与艾玛交流时，我也只会说"睡得很好"。

摄影：《秘鲁库斯科的七彩山》，埃德森·富恩特斯·梅拉

艾玛比家里其他人更能理解我在午餐桌上的沮丧。她会要姑娘们放慢速度，但这要求是实现不了的。艾玛只能浅浅一笑，略表同情。

我会仰望餐厅墙上的油画祈求上天保佑，画中的圣母肩上有位小天使。如果她能赐予我一些西班牙语天赋，那我一定立刻就皈依。然而我的大脑却在进行着乏味的转换过程，每次对话都落后好几步。

几个月后的一天早上，家里的长女伊芙琳告诉我，睡觉时我一直用西班牙语说梦话。

"我说的什么？"
"亲亲我，亲亲我，"她开玩笑地说。

那天我很高兴，因为自己开始用西班牙语思考了。于是我变得更加大胆。有一次午餐时，我主动想帮艾玛把盘子端到厨房，用上自己练过的"我能帮你把盘子拿到厨房去吗？"这句话。但是，说澳式英语的人习惯了尽可能去掉"r"音，因此我错把西班牙语的"拿"说成"拉（屎）"了。我当时是有多礼貌呀，提出要把屎"拉"在艾玛盘子里。

大伙儿乐坏了，有时人也没那么反感冒犯，底线可以低些。从那以后我再也不把自己当回事儿了，我有了一个"善意傻瓜"的新身份。

一种奇妙的自我调整正在进行，我对说西班牙语的自信与日俱增。能用第二语言驾驭这复杂危险的世界，增强了我的自信心。

西班牙的语言和文化让我的个性更具表现力。西班牙语的特点是明亮、活泼、充满活力，像个叛逆的青少年，元音清晰、辅音柔和，相互滑动，发音相对容易。此外，它还具有一种浪漫的情感，在英语中可能会被解释为油腻的多愁善感。秘鲁女友在我耳边小声唱着"郎不在，妾在榻上辗转反侧"来问候我，我沉浸在这种多愁善感中，并没有畏缩。擦鞋童往鞋子上挤上一种特殊的液体，并解释说是在用眼泪擦我的鞋子。真是美妙的抒情，却也与秘鲁安第斯山区的忧伤文化一脉相承。

有句话说，我们走过的最长旅程是从头脑到心灵。在秘鲁，我正疾速行进在这长长的旅程中。我意识到，悲喜的泪水可以一样。这一家人教会了我，应对逆境的最好办法就是幽默。他们经常拿腐败的政客和衰退的经济开涮。安第斯的"huaynos"小曲儿，节奏欢快、旋律优美，讲述着不忠和烂醉的故事。用柠檬和辣椒调味后的食物，呈现出一种美味的模糊性。在秘鲁，悲伤是一种值得庆祝的美。正如一位原住民朋友喝下几杯玉米奇恰酒后爱说的："为挣扎干杯，为人生的挣扎干杯吧。"

我也知道是历史塑造了我们。想知道安第斯的忧伤文化从何而生，只需漫步于库斯科的街巷，西班牙殖民时代的建筑就在雕工完美的印加城墙之上。我可以一边走，一边用手指触摸着两种文明交汇和冲突的接合线。身份，不能认为只是在一个人的一生中形成。身份自有其历史、地点和背景。走在巴黎和罗马的街上，我也有过相同的体验。

在悉尼长大的我没有经历过这些。市中心的高楼大厦给我们尚未和解的过去投下了阴霾。原住民的历史无处不在，但我却看不到。现代澳大利亚的生活就是未发现的未来。我们勇往直前，不愿回顾过去，也不完全承认我们的过去。澳大利亚的原住民与非原住民之间生活水平的差距仍然大得令人痛心。

但我必须远离澳大利亚才能对此进行反思。我必须先了解旧罗得西亚的制度化种族主义，并在新津巴布韦经历过这种态度的残余后，才能认识到自己国家历史中的种族主义。我必须发现500年来秘鲁原住民遭受的封建剥削的罪恶，才能理解欧洲人对澳大利亚原住民造成的破坏。

生活于"常态"之中，却又很难定义和表述它。美国人类学家爱德华·霍尔写道："文化隐藏的东西远远多过它所揭示的，奇怪的是，它所隐藏的，对它的参与者隐藏得最有效。"看来，最好离远些再去理解文化和历史对身份的影响。

在接待我的库斯科家庭里，父亲何塞曾是一个农场主，算是地主和封建制度的受益者。他发现历史可以极大地改变人的身份。前一刻何塞还是个农场主，管理着三万多公顷山地的玉米、土豆和大麦，下一刻他的土地就被土地改革剥夺，重新分配给了秘鲁原住民。何塞成了出租车司机，在库斯科街头巷尾谋生。他的眼睛湿了，我不知道是因为结膜炎所致，还是因为生存的悲痛。

历史就是这样，揭示了身份建构的脆弱性。这种暂时性的身份基于工作、头衔、文化、地位、宗教和社会群体，基于拥有的东西、人的行为和着手的事。惠特曼谈到了我们的多元性和矛盾性。鲁米劝诫我们"拆掉这房子"，拆掉那自以为是的自我结构，以发现隐藏的真正自我之宝藏，那"埋在它下面的透明黄色红玉髓"。

矛盾的是，学习西班牙语既为我的自我意识增添了新的维度，同时也抹杀了它。在西语中，你简直在一句话里就能迷失自我。主语可以放在句首、中间、末尾，也可以完全不出现。与英语不同，英语需要一个主语来保证语法正确，而西班牙语则由动词来表示主语。一个西班牙语句子不会问我是谁，而是谁在乎。这样的语言反映了强调"我们"这种集体身份的拉美关系文化。

西班牙语的这一特点提醒人们，生活并不是为了个人。当"我"从句子中消失时，我发现自己可以自由地以任何方式定义自己，抑或根本不用定义。**N**

哲学十三问

对话赞·博格

本斯·纳内

本斯·纳内是比利时的哲学教授。

您的心魔是什么?
太把自己当回事儿的诱惑。

您的教育经历中最重要的部分是什么?
我的教育仍在继续,希望最重要的部分还在后头吧。

您最怀疑的事物是?
人类理性。

如果可以改变这个世界上的一件事,您会选择什么?
这问题挺难回答的。有很多东西要改变,但如果用一件小事带来巨大改变的话,我希望社交媒体消失。

"幸福"是什么?
幸福是美的保证。

您受过哪种假象的折磨?
细数我没受过什么假象的折磨可能更好说点。

有什么是您无论付出何种代价都绝不会做的?
说几个来考考我!

如果可以选择,您最后一顿饭想吃什么?
鹅肝。那肯定是鹅肝。

您最想问别人的问题是什么?
你想给谁留下好印象?或者至少人们都该这样问问自己。

您最喜欢的词是什么?
我不喜欢词。哲学家太沉迷字眼了。让-吕克·戈达尔曾经说过,我们应该用清晰的图像来对付模糊的话语。我的确爱的是图像。

您的座右铭是什么?
"无论是什么,我都反对。"等等,这是格鲁乔·马克斯的座右铭,不是我的。我反对所有座右铭。

怎样算是安乐之死?
哪里有什么安乐之死。我们最能指望的也只有好好活着罢了。

生命的意义是什么?
如果生命有意义,那也挺可怕的。但幸运的是,它并没有意义,所以我们才能为所欲为!